JN129957

池上彰の世界の見方

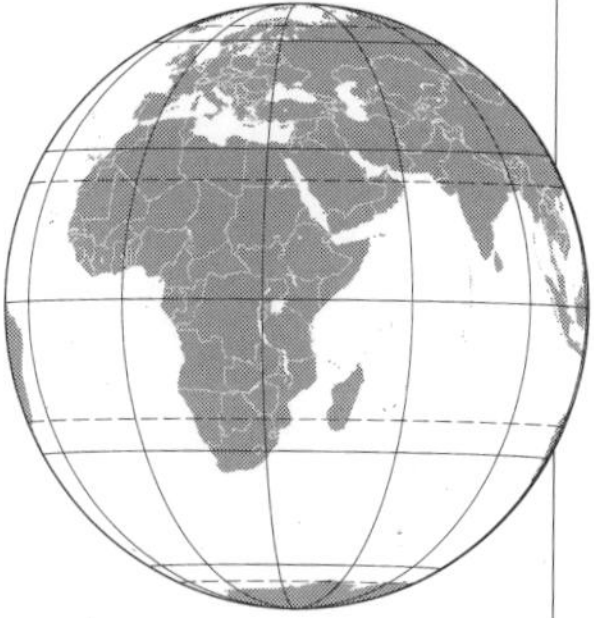

Akira Ikegami,
How To See the World

アフリカ

希望の大地か、暗黒の大陸か

小学館

アフリカ
Africa

チュニジア
モロッコ
アルジェリア
リビア
エジプト
(西サハラ)
カーボベルデ
モーリタニア
マリ
ニジェール
エリトリア
セネガル
チャド
スーダン
ジブチ
ガンビア
ギニア
ギニアビサウ
ガーナ
ナイジェリア
シエラレオネ
南スーダン
エチオピア
中央アフリカ
リベリア
ソマリア
カメルーン
トーゴ
ベナン
コートジボワール
ウガンダ
ケニア
ブルキナファソ
ガボン
コンゴ民主共和国
ルワンダ
セーシェル
サントメ・プリンシペ
ブルンジ
タンザニア
赤道ギニア
マラウイ
コモロ
コンゴ共和国
アンゴラ
ザンビア
ジンバブエ
マダガスカル
ナミビア
ボツワナ
モザンビーク
モーリシャス
南アフリカ
エスワティニ
レソト

はじめに

２０２４年9月、中国・北京で「中国アフリカ協力フォーラムサミット」が開かれました。アフリカから53か国の首脳らを招き、中国とアフリカの協力関係の深化を話し合いました。中国メディアは「世界28億人が協力して豊かになる」と伝えました。

中国の人口は14億人ですし、アフリカ諸国の人口を総計すれば14億人。合わせて28億人というのは、大変な数です。

この本で取り上げますが、そもそもアフリカとの協力を呼び掛けたのは、１９９３年の日本が最初でした。この成功を見た中国が横から入ってきたのです。

中国は、これまでアフリカ諸国に莫大な援助をしてきました。極めつけは、２０１２年にエチオピアのアジスアベバに20階建てのアフリカ連合（ＡＵ）の本部を2億ドルの無償援助で完成させたことです。

ただし、その後、このビルには至るところに盗聴器が仕掛けられていたことが判明します。アフリカの首脳たちが、これから何をしようとしているのか、何が課題なのかを早くつかんでおきたいということでしょう。タダより高いものはない、という言葉を思い出します。

中国のアフリカ支援によって、「チャイナフリカ」という造語まで生まれました。中国から見ると、今のアフリカ諸国は１９８０年代の中国のように見えます。中国がどのように発展してきたか振り返ると、これからのアフリカに必要なことは何かがわかるというわけです。

日本にとっても、今のアフリカは１９６０年代の日本を彷彿《ほうふつ》とさせます。日本の過去を振り返ることで、アフリカの未来が見えるのです。日本は、これまで中国とは一線を画した援助を実施してきました。これからは、「援助」ではなく「投資」が求められるようになりました。

アフリカが発展すれば、回り回って日本にも多大なメリットがあります。アフリカ諸国を回ると、まるで日本人が経営しているかのような名称の店があったり、日本製だと誤解させるような商品を見かけたりします。日本のイメージは、とてもいいのです。これをどう生かしていくかということです。

アフリカの人々の生活ぶりを研究することで、新たなビジネスチャンスをつくり出している企業も出ています。

それでも日本に暮らす私たちにとって、アフリカは遠い国です。アフリカに行ったこともないのに、勝手にアフリカを遅れた国々だと思い込んでいる人たちもいます。もったいないことです。

私が初めてアフリカに足を踏み入れたのはエジプトでした。日本語を学ぶエジプトの若者たちとの交流会でした。なぜ日本語を学ぼうと思ったのか聞いてみると、いずれも日本の漫画を読んであこがれたというのです。男子は『キャプテン翼』、女子は『セーラームーン』でした。入り口は漫画でしたが、日本の発展の経験から学ぼうと必死でした。

その後、アフリカ各地を訪ねるようになりましたが、その多様さには目を見張ります。インド洋に浮かぶセーシェルは、美しい海に囲まれたリゾートでした（遊びに行ったのではありませんよ）。北アフリカはアラブ諸国のイスラム圏。スーダンの首都ハルツームのスーク（市場）で、イスラム教の聖典『クルアーン』を購入しました。スーダンは砂漠の国ですが、陸路6時間かけてスーダン南部に近づくと、緑が増えてきます。ナイル川の源流に近い白ナイルと青ナイルの合流地点は壮観でした。

さらにケニアのナイロビやウガンダのカンパラは、標高が高くて湿度が低く、快適な気候でした。平面的な地図だけを見ていたのでは、その国の実相は見えてこないのです。

さらに南アフリカまで行くと、北緯と南緯の違いはあっても、同じ緯度だと、おいしいワインの生産が盛んです。本文でも触れているとおり、南アフリカのヨハネスブルク近郊の黒人居住地ソウェトの黒人家庭に1泊ですが、泊まらせてもらいました。シャワーの設備はあっても、「お金がかかるから使用禁止」を言い渡されました。ソウェトは、過去に暴動があったことで、治安が悪いというイメージがありますが、中に入ってしまえば、そんなことはありません。貧しいながらも温かな生活がありました。

この本の書名は「アフリカ」ですが、テーマとしているのはひと言でアフリカとくくれない多様性と魅力のある大陸です。いつか、あなたも訪れることがあるかもしれない土地について、この本が参考になることを願っています。

2024年10月

ジャーナリスト・名城大学教授・東京科学大学特命教授　池上　彰

目次

池上彰の世界の見方　アフリカ

希望の大地か、暗黒の大陸か

本書の情報は２０２４年10月末現在のものです。

本書は、東京都立国立高等学校（東京都国立市）で行われた授業をもとに、適宜加筆して構成しています。

構成／岡本八重子

第1章

アフリカの「リアル」

――イメージを覆す実像と注目ポイント

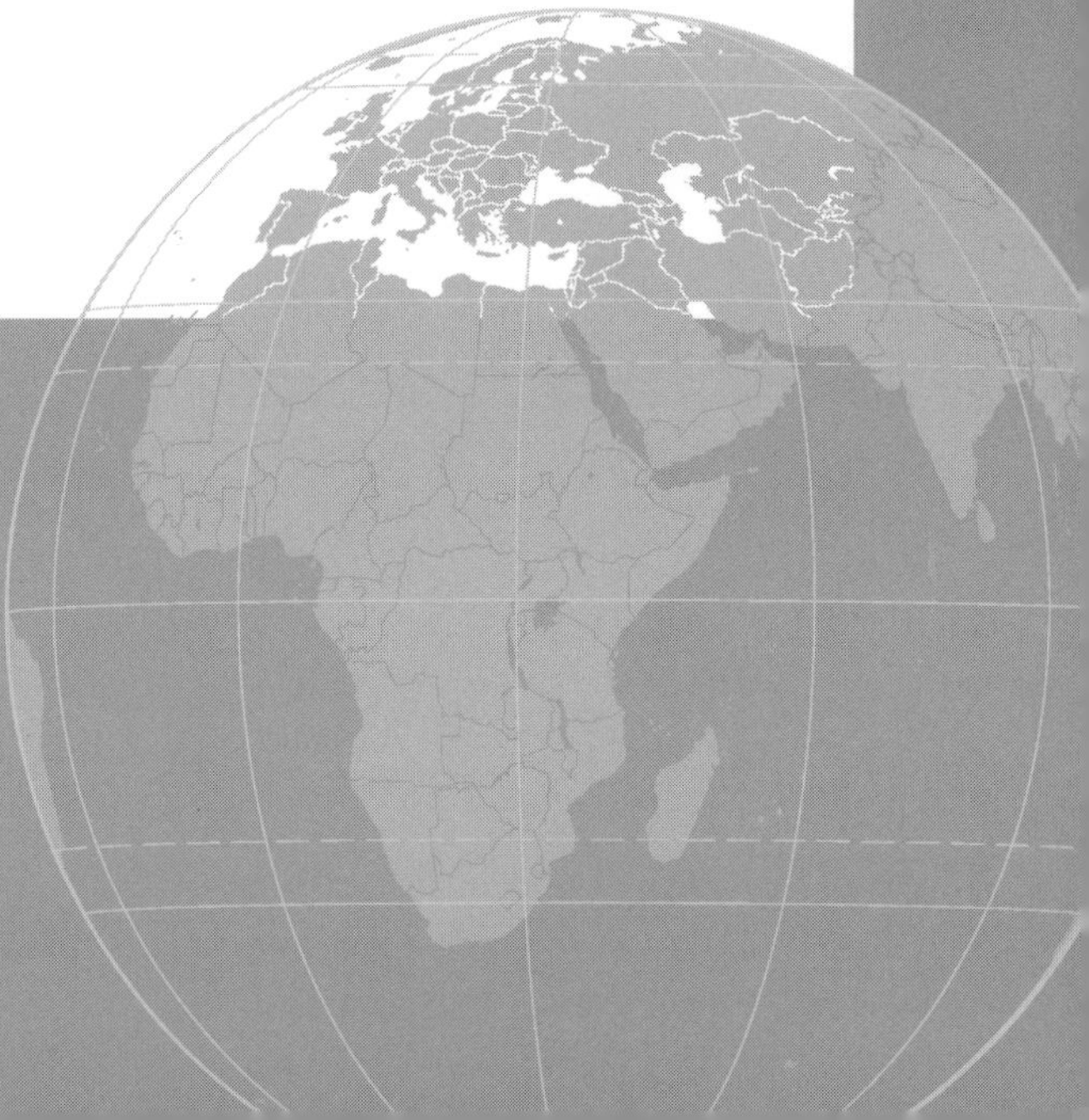

21世紀は「アフリカの世紀」になる

さあ、これから東京都立国立高等学校のみなさんと、6コマの授業を行って、一緒にアフリカについて考えていきましょう。「なぜアフリカ?」と思うかもしれませんが、21世紀はアフリカの世紀になっていくと思うのです。今のままアフリカの人口が増えていくと、2050年には世界人口の4分の1を占めるようになると国連の調査機関が予測しています。25年後には、地球上の4人にひとりがアフリカの人たちになるのです。

そうなると、アフリカが、世界の経済発展や食料・環境問題などの鍵を握る地域になるのは間違いありません。そして、アフリカは今、本当に大きく変化しつつあるところです。だから、私たちもアフリカについて知っておくほうがいいだろう、というわけですね。では、君たちがアフリカにどんなイメージを持っているのか教えてください。手を挙げてくれますか? はい、どうぞ。

――発展が進んでいなくて、貧しい人が多くて、そのために治安がよくない。

――モノカルチャー経済の国が多い。

モノカルチャーとは、単一の作物や鉱物資源の輸出に偏った経済状態のことですね。植民地支配されていた発展途上国に多いから、アフリカには確かに多い。ほかには？

――アパルトヘイト。

南アフリカで長い間行われていた人種隔離政策の名称が出ました。あとの授業（第5章）で詳しく取り上げますけど、少数の白人が多数の黒人を法律で明確に差別していました。

――紛争が多い地域だと思います。

はい、紛争がアフリカのどこかでずっと続いているということだよね。なるほど、アフリカといえば「貧困」とか「紛争」とかいうイメージがやはり根強いのだな、とわかりました。実は昔に比べると、紛争は相当減っているのですが。アフリカには、先進国と肩を並べるような高層ビルと光に満ちた都市もあるのですが、発展というイメージは浮かばない。

それはなぜかと考えてみると、日本でアフリカのニュースって、ほとんど出ないでしょう。そもそも、アフリカには新聞社や放送局の駐在員が少ないし、日本人の関心も一般的に低い。結局、何か紛争だったり干ばつで飢餓が広がったり、大きな災害が起きたりした時だけ日本で報道されるわけです。結果的に、アフリカは貧しいとか、紛争ばかりとかいうイメージがつくられてしまうのですね。

アフリカ大陸って、とてつもなく広いのですが、大きさが今ひとつピンとこないでしょう。普段よく見る世界地図はメルカトル図法といって、緯度が高くなるほど横に伸びます。だから、北と南は面積がうんと大きく見えてしまって、アフリカの正確な大きさがわからなくなってしまう。簡単に比較すると、アメリカ合衆国とヨーロッパ全土と中国と日本を全部一緒にしても、まだアフリカの面積に追いつきません（図表①）。

ちなみに、アフリカ大陸の東西の長さは約7400キロメートル、さらに地域でいえば西端のカーボベルデから東端のモーリシャスまで約8000キロメートル強で、だいたい東京からアメリカの西海岸までの距離と同じくらいです。たとえばサンフランシスコまで、飛行機で9～11時間くらいかかるでしょう。アフリカはそれくらい広大なのです。

図表①―**アフリカはこんなに大きい**

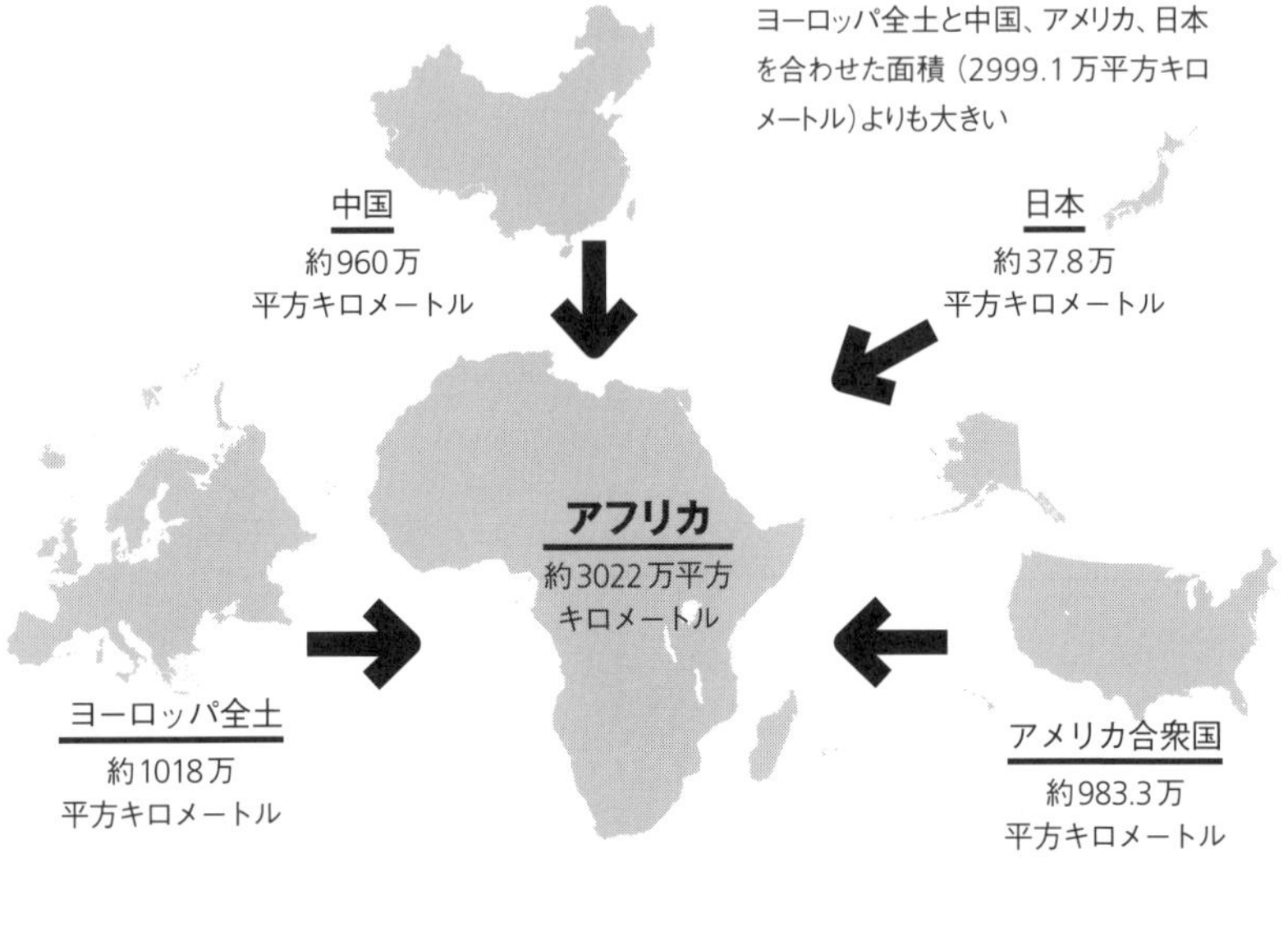

アフリカ大陸（島々を含む）の大きさはヨーロッパ全土と中国、アメリカ、日本を合わせた面積（2999.1万平方キロメートル）よりも大きい

Q アフリカ大陸に、国がいくつあるか知っていますか？

――本や資料によって、54か国と55か国に分かれているのですが……。

よく予習してきてくれましたね。54という場合もあるし、55という記述もある。さらに、54とひとつの地域という言い方をすることもあります。日本の外務省は54か国としています。それは、日本が承認していない国がひとつあるからです。

アフリカの地図（p18〜19地図①）を見てください。アフリカの北西部に位置するモロッコの南のところに、括弧書きで西サハラとありますね。ここは「サハラ・アラブ民主共和国」として独立宣言していますが、モロッコが認めていません。モロッコは「西サハラはモロッコの一部だ」と言っています。日本はモロッコと良好な関係にあるので、モロッコの主張を受け入れてサハラ・アラブ民主共和国を国家として承認していません。だから、教科書や地図で西サハラという言い方になっているわけです。

一方、アフリカ連合（ＡＵ／African Union）というＥＵのアフリカ版のような機関があって、これもあとの授業（第6章）で説明しますけど、このＡＵはサハラ・アラブ民主共和国を国家として承認しています。だから、ＡＵに基づいた資料や地図では55か国とされている。ちょっとややこしいのですが、基本的には54ないし55の国があるということです

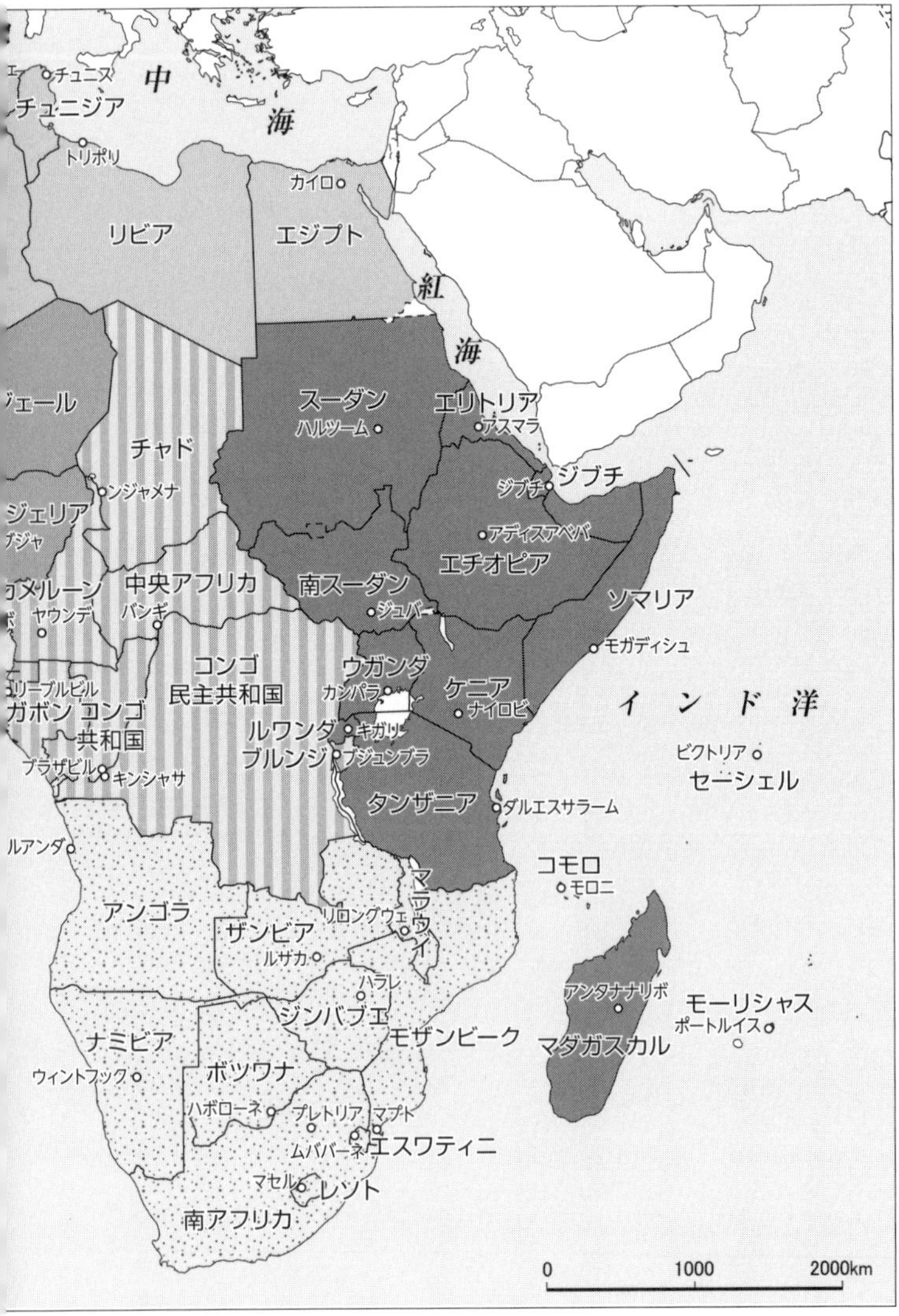

チュニス
チュニジア
中
海
トリポリ
カイロ
リビア
エジプト
紅
海
スーダン
ハルツーム
エリトリア
アスマラ
チャド
ンジャメナ
ジブチ
ジブチ
アディスアベバ
エチオピア
中央アフリカ
南スーダン
ジュバ
ソマリア
ヤウンデ
バンギ
モガディシュ
コンゴ
民主共和国
ウガンダ
カンパラ
ケニア
ナイロビ
インド洋
ガボン
コンゴ
共和国
ルワンダ
キガリ
ブルンジ
ブジュンブラ
ビクトリア
セーシェル
ブラザビル
キンシャサ
タンザニア
ダルエスサラーム
コモロ
モロニ
アンゴラ
マラウイ
リロングウェ
ザンビア
ルサカ
ハラレ
アンタナナリボ
モーリシャス
ジンバブエ
ポートルイス
ナミビア
モザンビーク
マダガスカル
ウィントフック
ボツワナ
ハボローネ
プレトリア
マプト
ムババーネ
エスワティニ
マセル
レソト
南アフリカ
0
1000
2000km

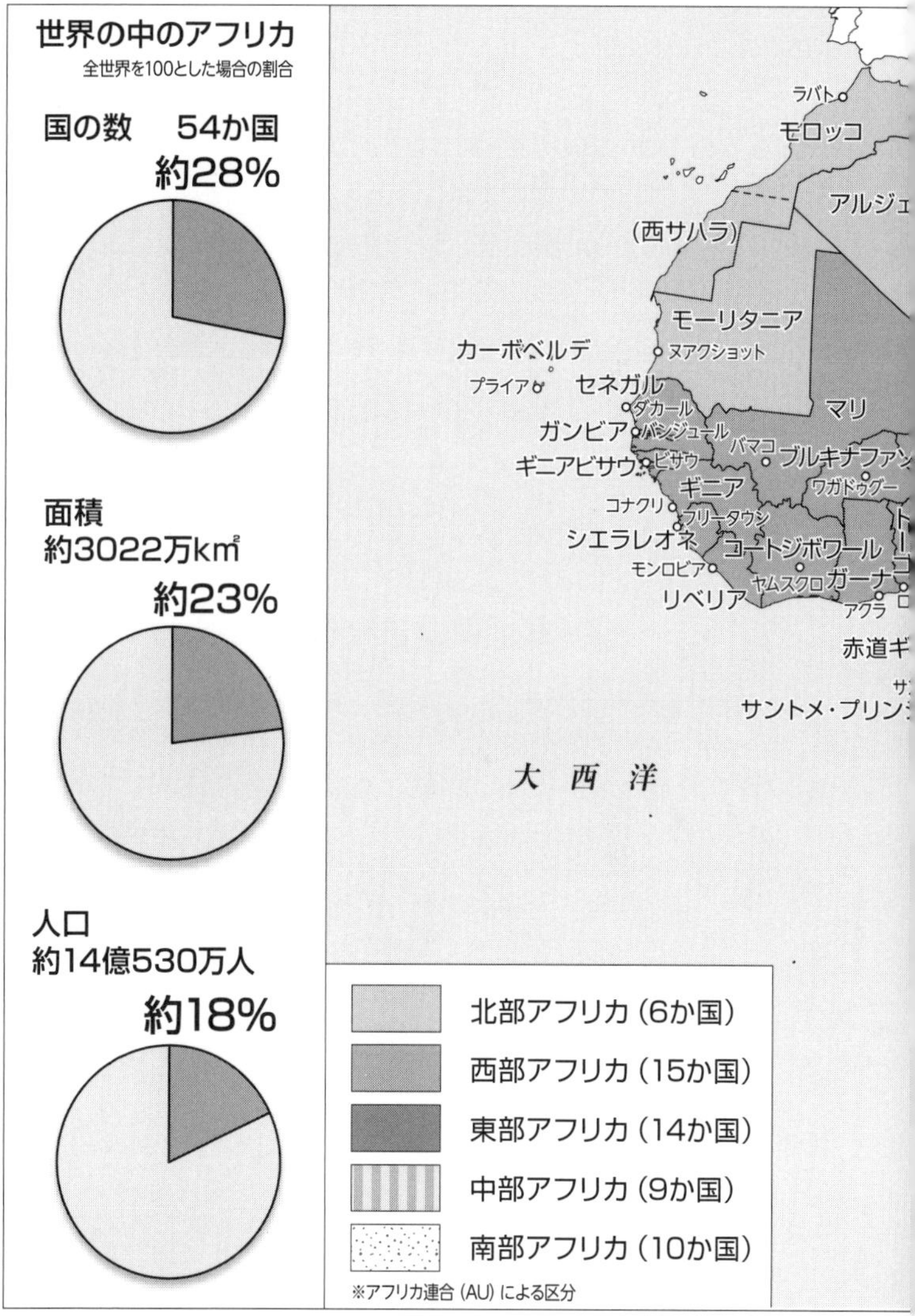

地図①―アフリカ全土　　出典：外務省HPをもとに編集部で作成

ね。ちなみに、アジアは48か国、ヨーロッパは54か国です（ともに国際連合による分け方）。国の数はヨーロッパとほぼ同じで、アジアより多いのです。

多くの日本人が想像するより、アフリカははるかに大きくて広い。そして「大きさ」とともにアフリカの特徴となるのが「多様さ」です。地理的には北部に世界最大の砂漠であるサハラ砂漠、中央部には熱帯雨林とサバンナがあるでしょう。そのため、気候も実に多様です。地中海に面した北部は地中海性気候で乾燥していますが、中部は雨季と乾季がはっきりしたサバンナ気候、南部には四季のある温帯の地域もあります。

宗教も地域によって違うよね。北アフリカはイスラム教の国々ばかり。でも、サハラ砂漠以南の地域（サブサハラ）になると、土着の宗教があるし、ヨーロッパのキリスト教の国々が宣教師を送り込んだことによって、キリスト教徒が多い地域もあります。AUは、アフリカ大陸を東西南北及び中部の5つの地域に区分しています（p18〜19地図①）。地域あるいは国によって、人種・宗教・文化は多様性に富んでいて、民族紛争が続く国もあれば、急速に経済成長している国もあります。だから、アフリカを「ひとつのイメージ」や「ひとつの地域」でくくらないことが重要なのです。

――池上先生は、アフリカの何か国くらいに行ったことがあるのですか？

数えてみたところ、13か国に行っていました。モロッコ、リビア、エジプト、スーダン、南スーダン、ジブチ、ウガンダ、ケニア、セーシェル、モザンビーク、エスワティニ、南アフリカ、そして、ナミビアです。私が実際に見たり経験したりしたアフリカのリアルな姿をこれから紹介していきましょう。

日本の中古車だらけのウガンダ

ケニア（p22図表②上）の首都ナイロビに行ってみたら、夏の軽井沢のように快適な気候で驚きました。ケニアやウガンダは赤道直下にあるので年中暑いと思うかもしれませんが、ナイロビは標高約1700メートルの高地にあり、一年を通して15～25度くらい、湿度も低くて涼しいのです。でも、ケニア第二の都市モンバサは、インド洋に面した東海岸に位置するので標高が低く、夏の外気温が35度くらいでしたね。イギリスがケニアを植民地支配する際に、イギリス人たちも快適に暮らしたいから、高原のナイロビの街を発展させたのだなと納得しました。

ケニアの隣のウガンダ（p22図表②中）にも行きましたが、ウガンダも標高が平均約1200メートルの高原にあるため、とても過ごしやすい。ウガンダで働いている日本人が、「真夏の蒸し暑い東京に戻りたくない」と言っていました。

図表②―**ケニア共和国、ウガンダ共和国、エスワティニ王国 基礎データ**

|出典：外務省HP、IMFほか

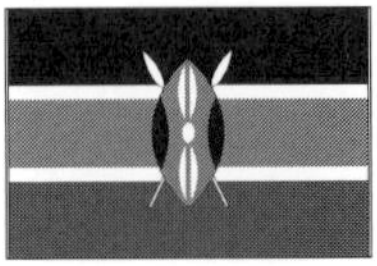

ケニア共和国

首都	ナイロビ
面積	58.3万平方キロメートル（日本の約1.5倍）
人口	5403万人（2022年）
民族	キクユ民族、ルヤ民族、カレンジン民族、ルオ民族、カンバ民族など
言語	スワヒリ語、英語
宗教	伝統宗教、キリスト教、イスラム教
政体	共和制
名目GDP	1089億米ドル（世界67位）
通貨	ケニア・シリング

ウガンダ共和国

首都	カンパラ
面積	24.1万平方キロメートル（ほぼ日本の本州の大きさ）
人口	4427万人（2019年）
民族	バガンダ族、ランゴ族、アチョリ族など
言語	英語、スワヒリ語、ルガンダ語
宗教	キリスト教（6割）、伝統宗教（3割）、イスラム教（1割）
政体	共和制
名目GDP	518億米ドル（世界89位）
通貨	ウガンダ・シリング

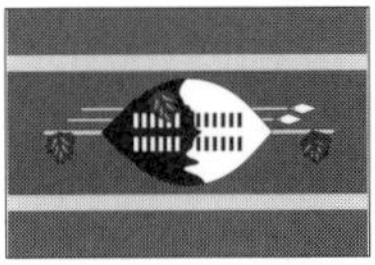

エスワティニ王国

首都	ムババーネ
面積	1.7万平方キロメートル（日本の四国よりやや小さい）
人口	120万人（2022年）
民族	スワティ族、ズールー族、ツォンガ族、シャンガーン族
言語	英語、スワティ語
宗教	伝統宗教、キリスト教
政体	王制
名目GDP	48億米ドル（世界156位）
通貨	リランゲーニ

そして、標高が高いところではいいコーヒー豆ができるんですね。ウガンダで「コーヒーがおいしいですね」と言ったら、「いや、隣のルワンダはもっとおいしいですよ」と言われました。ルワンダは「千の丘の国」と呼ばれるほど標高の高い山に囲まれていて、平均標高は約1600メートル。ウガンダよりさらに高地です。ルワンダといえば1990〜94年に激しい内戦があって、それ以来ずっと貧しい国と思っている人がいるかもしれませんが、内戦が終結したあと経済が発展して、今では世界有数のコーヒー豆の産地になっています。

ウガンダに話を戻すと、首都のカンパラは車がいっぱい走っていて、慢性的な渋滞が大きな問題になっています。驚いたのは、走っている車の多くが日本の中古車だったこと。「西濃運輸」と書かれたトラックが走っていたので、西濃運輸はこんなところまで進出したのかと思ったら、そうではなかったのですね。日本の中古車がそのままウガンダに輸出されているのです。ウガンダで働いていた日本人が、ウガンダ政府の首脳から、「日本は中古車をつくっているのか」と聞かれたそうです（笑）。最初から中古車はつくれないよね。でも、それだけ日本の自動車は性能がいいと評判なわけです。

そのため、日本語が書かれたままの中古車が高く売れるそうです。時々、日本語らしき不思議なよくわからない文字が書いてある車を見かけました。なんだろうと思ったら、もとの日本語が消えてしまい、現地の人が日本語風の文字を書いて、これは日本の中古車だとアピールしていたというわけですね。ウガンダだけでなく、アフリカには日本の中古車がたくさん輸出されています。２０２３年の調査を見ると、日本の中古車輸出先の上位40か国のうち13か国はアフリカの国々になっています（左ページ図表③）。

また、北アフリカのリビアでは、すんでのところで危機を逃れた経験をしました。２０１０〜１１年にかけて「アラブの春」という民主化運動がこの地域で起きたでしょう。リビアでは40年以上軍事政権の独裁者として君臨したカダフィ大佐が殺されました。その直後、私はリビアに入ったのですが、すでに内戦状態になりつつありました。その時泊まったホテルは、私が帰った1週間後に武装集団に襲撃され、宿泊していた外国人が何人も殺されたそうです。まさに危機一髪のところで助かったわけですね。

南アフリカでは、アパルトヘイト撤廃後に、黒人家庭で1泊過ごしたことがあります。北東部の都市ヨハネスブルクに、ソウェトというアパルトヘイト時代の黒人居住区があるのですが、そのソウェトの黒人家庭に宿泊させてもらいました。アパルトヘイトの時代、どの都市の近郊にも黒人居住区が設けられていましたが、ヨハネスブルクのソウェトは国内最大の黒人居住区です。

１９７６年に「ソウェト蜂起」と呼ばれる黒人たちの抗議デモと暴動があった際の記念

図表③ ― **日本の中古車輸出先（2023年）** ｜出典：財務省貿易統計　単位：台

1	ロシア	218,323
2	アラブ首長国連邦	204,503
3	ニュージーランド	114,301
4	タンザニア	81,697
5	モンゴル	79,771
6	チリ	65,669
7	ケニア	61,177
8	南アフリカ	57,036
9	タイ	55,105
10	フィリピン	35,282
11	マレーシア	35,068
12	ジャマイカ	33,586
13	キプロス	29,903
14	ウガンダ	29,682
15	イギリス	27,558
16	パキスタン	27,419
17	ザンビア	23,562
18	オーストラリア	22,526
19	ミャンマー	22,320
20	ガイアナ	21,306
21	バングラデシュ	20,941
22	ジョージア	20,749
23	ナイジェリア	19.599
24	アメリカ	17,529
25	モザンビーク	16,620
26	コンゴ民主共和国	16,297
27	ドミニカ共和国	12,929
28	アイルランド	10,574
29	ジンバブエ	10,343
30	バハマ	9.287
31	モーリシャス	8,885
32	トリニダード・トバゴ	7,682
33	香港	7,195
34	ガーナ	6,929
35	スリナム	6,532
36	マルタ	6,206
37	マラウイ	6,073
38	ボツワナ	5,999
39	トルコ	5,235
40	シンガポール	5,071

アフリカの国

日本の中古バスが頻繁に行き交う街中（ソマリアの首都モガディシュ）｜画像提供：時事通信フォト

碑や、南アフリカの黒人たちの指導者で、黒人初の大統領になったネルソン・マンデラが住んでいた家（現ネルソン・マンデラ国立博物館）があるところです。一般的に、南アフリカって治安が悪いとか、ソウェトは危険なところだとか言われていますが、私が２０００年代後半に訪れた時、ソウェトの中の黒人家庭で過ごしてみて危険を感じることはなかったですね。

さらに、南アフリカとモザンビークの間に、エスワティニ（p22図表②下）という小さな王国があり、そこにも行ったことがあります。日本の四国よりやや小さくて、以前はスワジランドという国名でしたが、２０１８年に国名を変更しました。ここは面白い国ですよ。国王がいまだに圧倒的な権限を持つ王制国家で、国王の権力は憲法で保障されています。一夫多妻制で、私が行った時は国王の奥さんは12人でしたが、現在までに15人と結婚したようです。

そして、エスワティニは、現在も台湾（中華民国）と国交を維持している数少ない国のひとつです。私が訪ねた時、貧しい風景の中に突然巨大な中華風の建物が出現し、なんだろうと思って建物を見ると、「中華民国大使館」と書いてありました。エスワティニは、台湾が昔からずっと援助をしてくれたから、台湾と正式な外交関係を保っているのです。

スエズ運河を通れなくなって日本が物価高に

パレスチナのガザ地区を支配するハマスとイスラエルとの紛争が2023年10月に勃発し、ガザで多くの人たちが犠牲になっています。これに対し、イエメンのイスラム教シーア派の武装勢力で、イランの支援を受ける「フーシ派」が怒ります。紅海でイスラエルと関係のある商船への無差別攻撃を始めました。

アラビア半島とアフリカにはさまれた紅海は、スエズ運河を経由してヨーロッパとアジアを結ぶ海上交通の要衝です。でも、紅海を通るとフーシ派の襲撃を受けてしまうので、スエズ運河を避けるようになってしまった。そうなると、アフリカの南端をぐるっと回ることになり、日本とヨーロッパの間の航行日数が少なくとも10日余計にかかります。当然、燃料代もかかるし、それに貨物船は通常、チャーターするのでチャーター代もかかる。さらに、乗組員の人件費も加わります。日本の貨物船でも日本人はほとんど乗っていなくて、外国人の船員が乗っているのが普通です。

ちなみに、2023年11月に、日本郵船の貨物船が紅海でフーシ派に拿捕《だほ》されて、国内でもニュースになりましたね。この場合も日本郵船が運航するチャーター船で、乗組員に日本人はいませんでした。フーシ派は、この船がイスラエルの実業家に関わっていると主張しました。紅海での船舶攻撃は断続的に続いています。

スエズ運河を通れない状態が長引くと、ヨーロッパと日本のさまざまな流通経路に一段とコストがかかる。日本の物価高に拍車がかかるかもしれないという状況になっています。スエズ運河は遠い場所にあるけれど、実は私たちの暮らしにとても役に立っていることがわかりますね。

――紅海の入り口にあるジブチに、日本の自衛隊が駐留していますよね。たとえば、日本に関わる船が襲撃された時、何か手を打てるのですか？

いいところに気がつきましたね。ジブチ（p30図表④中）に日本の自衛隊がいるからなんとかならないか、と思うかもしれません。でも、自衛隊は日本の法律に基づいて別の目的のために派遣されているので、活動範囲が限定されているのです。

Q ジブチに派遣されている自衛隊の目的はなんでしょう？

――ソマリアの海賊に、日本の船が襲われないように監視している。

そのとおり、よく知っていましたね。自衛隊は、そもそもソマリアの海賊の監視をするために派遣されているので、活動範囲が限定されています。そして、日本の船以外の安全確保にも努めています。自衛隊が活動できる海域は、オマーン湾、アラビア海北部、バブ・エル・マンデブ海峡（ジブチとイエメンの間）とアデン湾（ソマリアとイエメンの間）だけです。紅海でフーシ派が船舶を襲撃している海域には近づけないということですね。

では、なぜソマリアに海賊がいて、ジブチに日本の自衛隊がいるのか？

ソマリアでは、１９９１年に大統領が追放されてから本格的な内戦状態になり、無政府状態が20年以上続きました。その間に、仕事を失ったソマリアの人たちが海賊になって、近海を通る船を襲撃するようになったのです。

海賊といっても、どくろマークの旗を掲げる昔の海賊ではありませんからね。もともとソマリアの漁民だった人たちが海賊になり、漁船を使ってソマリア沖を航行するタンカーや貨物船を襲撃して乗っ取るようになったのです。現在のタンカーや大型船は自動化がとても進んでいるから乗船員は通常20人前後。わずか20数人で大型の船を運行できる。だから、その20数人を捕まえてしまえば、船を乗っ取ることができるわけですね。

では、乗っ取ってどうするのかというと、その船の積み荷、あるいは船員を人質にして、船会社に身代金を要求するのです。船会社も困ってしまい、身代金を払って積み荷や人質を早く返してもらおうとする。じゃあ、身代金はどうやって払うのか？　当然、新札だとナンバーを控えられてしまうから、海賊たちは船会社に対して、アメリカの古い１００ド

図表④— **ソマリア連邦共和国、ジブチ共和国、ナイジェリア共和国 基礎データ**

| 出典：外務省HP、IMFほか

ソマリア連邦共和国

首都	モガディシュ
面積	63万8000平方キロメートル（日本の約1.8倍）
人口	1760万人（2022年）
民族	ソマリ族
言語	ソマリ語（公用語）、アラビア語（第二公用語）
宗教	イスラム教
政体	連邦共和制
名目GDP	116億米ドル（世界146位）
通貨	ソマリア・シリング

ジブチ共和国

首都	ジブチ
面積	2万3200平方キロメートル（四国の約1.3倍）
人口	100万2000人（2021年）
民族	ソマリア系イッサ族、エチオピア系アファール族
言語	アラビア語、仏語
宗教	イスラム教（94%）、キリスト教（6%）
政体	共和制
名目GDP	40億米ドル（世界159位）
通貨	ジブチ・フラン

ナイジェリア連邦共和国

首都	アブジャ
面積	92万3773平方キロメートル（日本の約2.5倍）
人口	2億1854万人（2022年）
民族	ハウサ族、ヨルバ族、イボ族など（民族数は250以上と推定）
言語	英語（公用語）、各民族語（ハウサ語、ヨルバ語、イボ語など）
宗教	イスラム教、キリスト教、伝統宗教
政体	連邦共和制（大統領制）
名目GDP	3749億米ドル（世界42位）
通貨	ナイラ

ル紙幣の束をヘリコプターで運んできて、上空から落とせと指示するのです。こういうかたちでさまざまな国の商船を襲ってお金を奪うソマリアの海賊が現れて、大問題になったのです。

ソマリアの海賊船と漁船の見分け方

欧州とアジアを結ぶスエズ運河を通る船は、ソマリアの海賊がいる海域を通らなければなりません。ソマリアの海賊が現れる前は、年間約2000隻の日本の商船がこの海域を通っていました。そこで、日本はジブチの許可を得て、2009年から海賊対策のため海上自衛隊の活動拠点をジブチに置いています。

そこには日本の護衛艦がいて、対潜哨戒機《たいせんしょうかいき》が上空をパトロールしています（p32写真①上）。対潜哨戒機は、本来、日本の周辺で潜水艦を見つける役割をしている飛行機なのですが、上空から海賊らしい怪しい船を見つけると、そのあたりで活動しているさまざまな国の海軍に連絡をし、その海軍の船が海賊船を追いかける。そういうやり方をしていますね。ジブチには現在、かつて宗主国だったフランスや、アメリカ、イタリア、中国の海軍も拠点を持っています。

写真①—ソマリアの海賊の監視

ソマリア沖アデン湾上を航行する商船と、上空警戒する海上自衛隊のP3C哨戒機
｜画像提供:時事

ソマリア沖で海上自衛隊が護衛する船団に近づいてきた小型の不審船。はしご(手前)とエンジン2基(船尾)が搭載されているのが見える｜画像提供:防衛省/時事

ところで、ソマリアの海賊の船は、そもそもすごく小さな漁船でしょう。それを対潜哨戒機で上空から見て、漁船なのか、海賊船なのかを見分けるのです。実は、私はジブチに行った時、対潜哨戒機に乗って、海上自衛隊のパイロットから見分ける方法を教えてもらいました。さあ、君たち、ここで質問です。

Q 上空から小さな漁船を見て、海賊船なのか漁船なのか、どうやって見分けるのでしょう？

――**漁船は漁をするから網を持っているはずです。漁船には網が見えるけど、海賊船は網があったら重いし、逃げるのにむだだから網を持っていない。**

惜しい。発想はいい。じゃあ、ちょっと考えて。漁船って小さな船だよね。でも、タンカーとか貨物船って、下から見たら巨大でしょう。海賊はどうやってタンカーのほうに行くのだろうか？

――**はしご……？**

そのとおり。漁船にはしごはいらないよね。なんではしごを積んでいるのだろうって、上空から見る。それで、海賊かどうか見分けると教えてもらいました（右ページ写真①下）。

では次の質問です。当然ですけど、石油や貨物をいっぱい積んでいないと、身代金が請求できないでしょう。たとえば、石油のタンカーが石油をいっぱい積んでいるか空なのか、海賊たちはどうやって見極めると思いますか？

――石油を積んでいると重いから、船体が沈んでいるんじゃないですか。

そういうことですね。船には喫水線《きっすいせん》というのがあるでしょう。船の船体が水面と接する線のことです。貨物船など大型の船では、喫水線付近より下の部分がだいたい赤く塗られています。だから、赤い部分が海中に没していれば、積み荷が重いことがわかるわけだよね。逆に赤い部分が大幅に浮かんでいれば、積み荷が空っぽということ。海賊船は喫水線がずうっと上がっているような船は狙いません。先ほどのはしごなどを判断材料としながら、自衛隊は今も海賊の取り締まりをしているわけです。

余談ですけど、この海域で日本の護衛艦に乗ったことがあります。海賊らしい者がいたら、警告を与えるわけだよね。日本の自衛隊は、海外で武力行使をしてはいけないでしょう。だから海賊を追い払うわけです。そのために、海賊に向かって警告を発するのですが、さまざまな言葉で行います。英語、アラビア語、ソマリ語、それから、スワヒリ語で、それぞれ警告の言葉が録音されていて流すのです。

その中の英語では、This is Japan Navyと言っていました。「こちらは日本海軍である」と言っていることになります。みんな知ってのとおり、自衛隊は軍隊ではないよね。「自衛隊がジブチでJapan Navyと言っていいのですか」と思わず聞いてみました。すると、「自衛隊（Self-Defense Forces）と言ったって、ソマリアの海賊にはなんのことかわかりません。Navyと言えば海軍だと逃げていく。だからNavyと言っているんです」ということでした。

こんなふうに、日本をはじめ世界各国がソマリアの海賊対策を行ったため、海賊の活動も沈静化してきました。私たちの暮らしを支える資源や物資を積んだ船が安全に航行できることが、回り回って私たちの生活の安定につながるのですね。

――ジブチに外国の軍が駐留しているのが、沖縄にアメリカ軍がいるのと、ちょっと似ているなと思って……。ジブチの住民は外国の軍がいることをどう思っているのでしょうか？

ジブチって、四国よりちょっと大きいくらいのとても小さな国です。そこにアメリカ軍や中国軍などの基地があって紅海周辺でにらみをきかしていれば、結果的に周りの脅威から逃れられるメリットがあるわけだよね。そして、ジブチは、自国内に軍隊を駐留している国々から、基地使用料を受け取っています。

日本の場合は、日米安全保障条約でアメリカに守ってもらっているという立場だから、米軍の駐留経費のかなりの部分を日本が負担していますけどね。ジブチの場合は違いますから、巨額の使用料が入るわけです。ジブチは外国軍の基地を受け入れることによって経済が成り立っている国なので、外国軍への反感はあまりありません。むしろ、紅海沿いの要衝にある地の利を生かし、したたかに存在感を示しています。なお、２０２３年の4月に、南スーダンの内戦が激化して日本人を退避させた時も、自衛隊の輸送機がジブチを拠点としました。

モーリタニアにタコ漁を教えたのは日本人

日本はアフリカからさまざまな食品を輸入しています。食料の面でいうと、日本にとってアフリカは非常に重要な供給源になるわけです。アフリカから輸入している食品で、すぐに思い浮かぶものはありますか？

――タコはアフリカからの輸入が多いと聞いたことがあります。

やはり、それが出ましたね。スーパーなどでタコの産地を見るとモーリタニア産のタコが多いよね。モロッコ産も多くて、近年はこの両国からの輸入量で約6割を占めています。ところで、モーリタニアって、どんな国かあまり知らないのではないかな。モーリタニアはアフリカ北西部にあって、人口は約４６５万人。イスラム教を国教とする北アフリカの中東文化圏の一国です。１９６０年にフランスから独立しました。国土の9割はサハラ砂漠で、年間降水日数はわずか10日くらいです。

モーリタニアは大西洋に面していますが、魚やタコを獲って食べる習慣がなかったそうです。独立はしたものの、これといった産業は何もなく、国民は貧しく暮らしていました。そこへJICA《ジャイカ》（Japan International Cooperation Agency 国際協力機構）と海外漁業協力財団の指示を受けて、モーリタニアに漁業技術を教えに行ったのが中村正明《なかむらまさあき》さんという日本人でした。中村さんは、モーリタニアの海でとても質のいいマダコが獲れることに気づき、タコ壺を使って獲るタコ漁のやり方を現地の人たちに教えました。モーリタニアの人たちにタコ漁を教えたのは日本人だったのです。

最初、現地の人たちは、タコを気味悪がっていましたが、タコが驚くほど高く売れるとやる気を出して、熱心に取り組むようになったそうです。今やタコ漁はモーリタニアの一大産業になり、外貨を獲得し続けています。

タコ以外にもアフリカからさまざまな産物を輸入（p38図表⑤）していますね。よく知られているのは、チョコレートの材料になるカカオ豆でしょう。ガーナからの輸入量が7割を超えています。そして、さまざまな料理に使われるゴマが、実は99％以上を輸入に頼っているのを知っていましたか。国産のゴマはわずか0・1％以下で、ほとんど口にする機会がないのです。

ゴマ油用のゴマの輸入先もアフリカが上位を占めます。ナイジェリア、ブルキナファソ、

図表⑤— **日本がアフリカから輸入する主な農・海産物**

｜出典：農林水産省「農林水産物輸出入概況」2023年

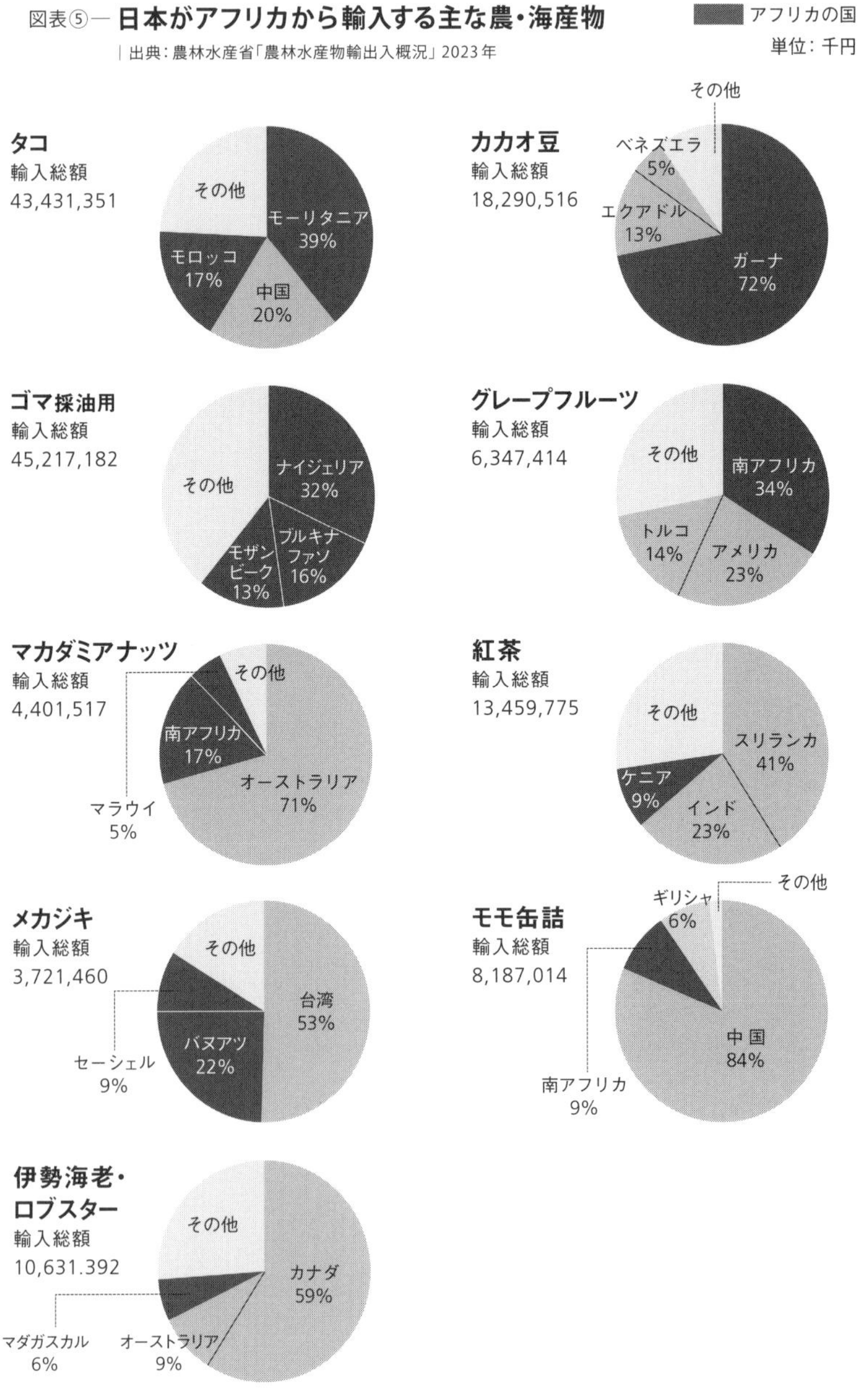

モザンビークの3国で約6割。ほかにも図表⑤の農産物・海産物輸入状況を見ると、日本人の食生活に、アフリカの生産物が欠かせなくなっていることが明らかですね。

それと、食品ではありませんが、近年ケニアのバラが日本で販売されて、人気が出ています。花が大きくて色鮮やか、茎が太くて日持ちもよく、その割に安いと評判です。実は、ケニアではバラの生産が主要産業のひとつになっています。高地で朝晩の寒暖差が大きく、日照時間も赤道直下で長いため、バラの栽培に適しているのです。

主にヨーロッパへ輸出されているため日本ではほとんど目にしませんでしたが、最近、専門店もできて注目されています。アフリカって、すごく遠いところに思えますけど、私たちの暮らしの中にアフリカの産物がたくさん運ばれてきていて、日本にとって非常に大事な地域になっているということですね。

――お話を聞いて、アフリカと結構つながりがあるのに、あまり知る機会がなかったなって思います。

そういう人が多いだろうな。でも、それは日本だけではありません。少し前になりますが、2008年にオバマ元大統領が勝利した1期目の選挙の時、共和党はジョン・マケインという人物を大統領候補に立てました。その時に、共和党の副大統領候補がアラスカ州知事だったサラ・ペイリンという女性でした。このペイリン氏が、全然、国際情勢を知らなくて、ピント外れな発言をするので共和党が焦るわけね。それで、国際情勢をちゃんとたたき込もうとして、共和党が1週間ほど、ペイリン氏に集中的に国際情勢を学ばせたそうです。そうしたら、ペイリン氏は、アフリカをひとつの国だと思っていたことが明らかになったのです。すごいでしょう。アフリカをひとつの国だと思っていた人が、アメリカの副大統領候補になっていたわけだよね。

――国際情勢をそれほど知らない人が、なぜ副大統領候補になれるのですか。アメリカでは、どうしてそういうことが起きるのでしょう?

連邦議会の共和党の議員には、海外に行ったことがない人がかなりいます。意外に思うかもしれませんが、自分の州から出たことがない、せいぜいワシントンやニューヨークに行ったことがある、というくらいの人たちが政治家になっているのです。アメリカは複数の「国家」が集まってできた国で、アメリカの州(State)は、それぞれひとつの「国家」だよね。50も国があるのだから、わざわざ海の向こうに行く必要はない、と思っている人たちが結構多いのです。

ペイリン氏も、アラスカ州知事になった時、イラク戦争に派遣されていたアラスカ州の州兵を激励するために、初めてパスポートを取って駐留拠点だったクウェートに行ったそうです。だから、世界について基礎的な知識のない人が、政治的な流れの中で副大統領候補になり得るのです。民主党のほうは海外経験豊富な人たちがいっぱいいますし、共和党にだって海外をよく知る人はいますが、世界のことをよく知らないという人たちも少なからずいます。アメリカの政治は、そういう議員たちによって動かされている面もあるのです。

ケニアはモバイルマネーの先進国

ペイリン氏の話で脱線しましたけど、現在のアフリカに話を戻しましょう。21世紀になってから、アフリカでは紛争がずいぶん減って、平和が続いている国が増え、力強く経済成長していこうとしています。今のアフリカを見ると、高度経済成長の入り口に立っていた1960年代頃の日本なのかな、という思いがします。

私が子どもの頃の日本は、まだ貧しかったですね。でも、高度経済成長のとば口に立って急激に経済が成長していくという時期だったわけです。たとえば、はしかがまた流行するのではないかと問題になっていますが、私の子どもの頃は、みんなはしかにかかっていました。はしかにかかるのは当たり前だったし、東京都内でもしょっちゅう赤痢《せきり》が出て、保健所の人が来て消毒薬をまいていましたね。

私は母の実家が長野県の松本だったので、松本に帰省し、中央本線に乗って新宿に戻ってくる機会がよくありました。だいたい八王子に来たあたりで「ここから先、トイレの使用はご遠慮ください」という車内アナウンスが流れます。この意味、わかりますか？　トイレが垂れ流しだったんだよね。トイレに行くと、下に線路が見える、走っているのが見えるのです。八王子のあたりまで帰って来ると、住宅が増えだして周りに迷惑がかかるから、トイレの使用はご遠慮くださいとアナウンスされるのです。それぐらい、衛生状態も悪く、東京都内でも水道が十分整備されていませんでした。

その頃の日本が今のアフリカに近いと考えてもらえばいいのかな。そこから日本は急激に経済が成長しました。アフリカが今まさにその時期なのです。「リープフロッグ(leapfrog)」という言葉を知っていますか。リープは「跳ぶ」、フロッグは「カエル」でしょう。リープフロッグで「カエル跳び」という意味ですね。つまり、アフリカはずっと遅れていたけれども、ここへ来て、急激にカエル跳びのように経済や技術が発展しているということです。

たとえば、ケニアでは携帯電話の普及率が122・8％です（総務省「世界情報通信事情」　2021年調査)。つまり、ひとりで複数台持っている人たちもいるくらい携帯が普及している。どうして携帯電話がそんなに普及しているのか？　逆説的ですが、電話線が普及していなかったから速く広がったのです。

固定電話は電話線を用いて音声を届ける有線通信です。日本はもともと電話線を一生懸命引いたわけでしょう。日本中に電話線を張りめぐらしたわけ。で、そのあと、携帯電話が入ってきた。せっかく日本中に電話線を引いたのに、携帯電話になると、その電話線が全部むだになっちゃうでしょう。だから、日本では携帯電話がなかなか普及しなかったといわれています。

携帯電話は無線通信で、通信に必要な電波を送受信する基地局があればいい。電話線を引くのに比べれば、基地局の設置ですむ携帯電話のほうがはるかに安く手間もかからない。電気もないわけですが、中継所をつくって、そこに太陽光エネルギーを電力に変える太陽光電池を調達すれば解決します。各家庭で携帯電話の電池がなくなってきたら、村に充電屋さんというのがあるので、そこに持っていくと、日本円にして数十円で充電できる。私が行った10年ほど前は約20円でしたね。こうして、ケニアをはじめ、アフリカの国々で急激に携帯電話が広がっていくことになりました。さまざまなインフラがなかったがゆえに、最先端のインフラが導入される。これをリープフロッグというわけです。今、アフリカはまさにその状態になっているのです。

携帯電話での決済も日本では、ようやく広まり始めましたが、ケニアの奥地の農村地帯に行った時、現地の人たちが米の売買を全部携帯電話でやっているのを見て驚きました。ケニアでは「エムペサ（M－PESA）」という携帯電話を使った送金やお金の受け取りの仕組みが2007年に始まって、あっという間に広がったのです（図表⑥）。サービス開始からわずか4年で世帯普及率は80％、取引額はGDPの50％に達しました。

エムペサによる決済の特徴は、プリペイド方式だということです。まず携帯電話にお金をチャージする。このチャージしたお金をほかの人にも送れて、現金に払い戻せるのがエムペサの特徴です。現地では銀行が普及していないし、銀行口座やクレジットカードを持っていない人も多いので、プリペイド方式にしているのです。アフリカの現状に応じて一

図表⑥ー**世界のキャッシュレス化ランキング（2019年）**

｜出典：日本キャッシュレス化協会

流通現金のGDP比率や人口10万人あたりのATM台数、給与の現金受け取り率など、
9つの要素から算出した指数。数値が大きいほどキャッシュレス化が進んでいる

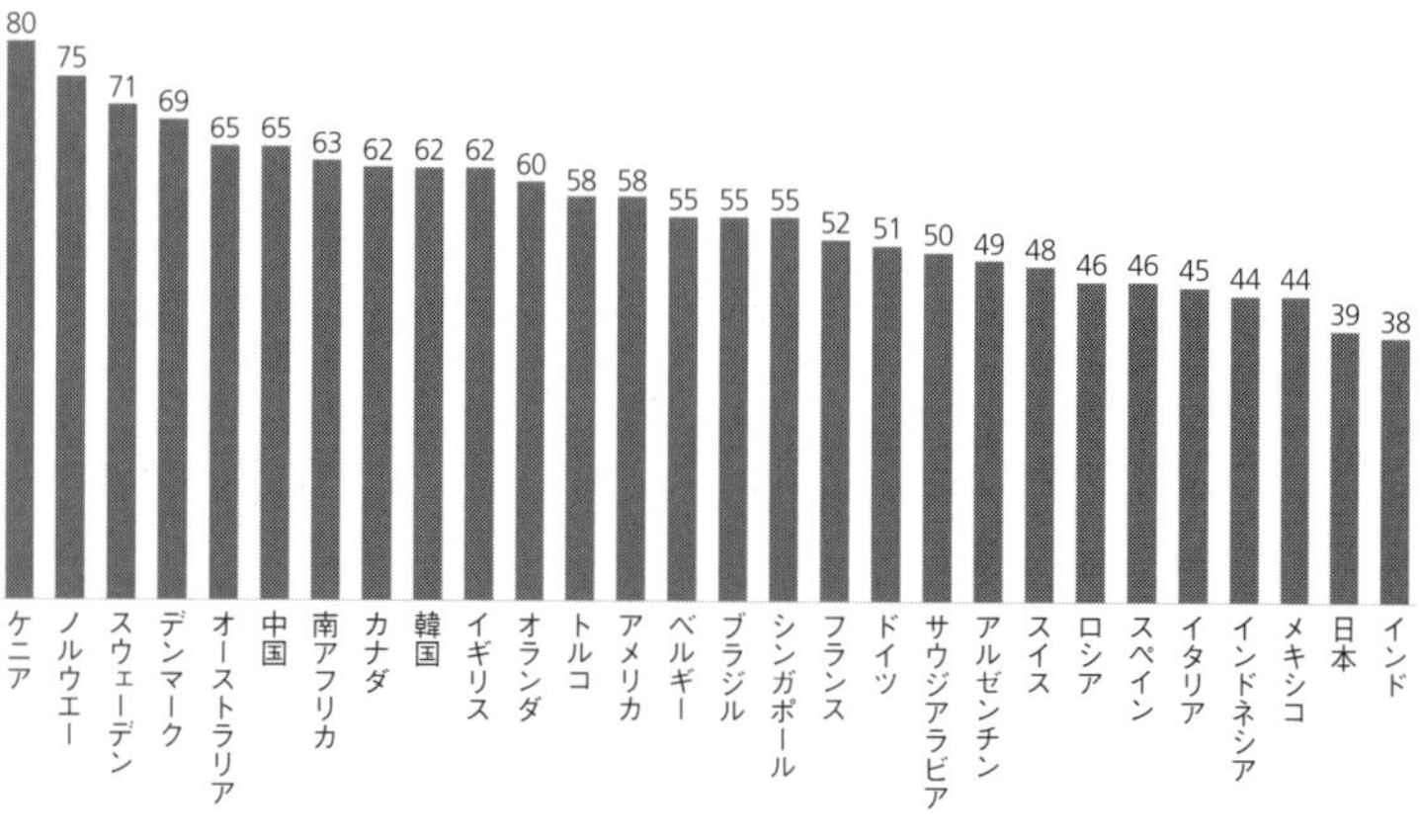

般化した決済方法といえるでしょう。

ケニアではエムペサの代理店が至るところにあり、現金の払い戻しをしてくれます。それにしても、ケニアで携帯電話を使って米の売買をしている人を見た時、リープフロッグによる発展の規模とスピードを痛感しましたね。

しかし、いいことばかりかというと、そうでもありません。経済成長に伴う生活習慣の変化で、健康上の問題も発生しつつあります。たとえば、私たちがイメージするアフリカの大きな問題は飢餓でしょう。もちろん飢餓に苦しむ人たちも多いのですが、その一方で、深刻になってきたのが生活習慣病です。肥満や運動不足の人が増えて高血圧、脂質異常症、糖尿病、心筋梗塞などを発症するケースが増加しているのです。飢餓はニュースになるけど、肥満はニュースにならないから、あまり知られていませんね。

世界保健機関（WHO）によると、アフリカ地域の糖尿病患者で自分が糖尿病だと認識しているのは46％（世界平均は55％）で、世界で最も深刻な状況だそうです。現在、アフリカの糖尿病患者数は2400万人ですが、自分が糖尿病だと認識していない人が検査や治療を受けていないため、2045年までに5500万人になると、WHOは警鐘を鳴らしています。これもまたアフリカの現実なのです。

沿岸国と内陸国の発展に差がつく理由

アフリカには発展している国もあれば、なかなか発展しない国もあるわけです。アフリカの国々を訪問したり調べたりしてわかったことは、海に面しているケニアだったり、タンザニアだったり、モザンビーク、南アフリカ、ナミビア、あるいはナイジェリアなど、海に面した国はかなり経済が発展しているということです。

一方で、内陸にあるブルキナファソであるとか、チャドであるとか、内陸国はなかなか経済が発展していない。何が違うのかというと、港があるかないかの違いです。港があれば、海外からさまざまな物資が入ってくるでしょう。すぐにさまざまな物資を国内に流通させることができますね。そうすれば、流通コストが安くなる。流通コストが安くなれば、生活費も安くてすむ。それで経済発展するわけですが、内陸部は流通コストがとてつもなくかかります。

南スーダンに行ってみてわかったのですが、南スーダンを地図で見ると、内陸でしょう。ここにさまざまな物資がどうやって運ばれるかというと、まず、ケニアとか、モザンビークとかから延々と陸路を通って南スーダンまで物資が運ばれるわけです。道路が整備されていなかったりすると、近距離であってもトラックで何日もかかってしまう。当然、コストがかかります。つまり、物流コストが高ければ、さまざまなものが高くなる。そうなると生活費がかかるわけだよね。当然、その生活費に見合っただけの給料をもらわないと生活できないでしょう。すると、人件費が高くなるのです。人件費が上がれば、さまざまな産業にコストがかかってなかなか発展しない。あるいは、人件費を払いたくないということになれば、失業率も高くなるわけだよね。

港がある海岸沿いの国々はかなり経済が発展してきていますが、内陸部はなかなか発展できません。その結果、内陸にある中央アフリカでは、経済が発展しないまま紛争が続くという状態になっています。

60年くらい前の日本を思い出すと、今のアフリカと同じように、道路が全然整備されていませんでした。国内でさまざまな物資を運ぶのにすごく時間がかかり、コストがかかっていました。国道であっても、舗装されていない道路がいくらでもあったわけですね。

1960年代、池田勇人《いけだはやと》首相による所得倍増計画という政策が行われた時、真っ先にやったのはインフラ整備でした。港を整備することによって、さまざまな輸入品を簡単に陸揚げできるようにし、あるいは、日本の生産物を貨物船に積んで海外に出すことが容易にできるようになり、国道も舗装されて物資がスムーズに流通するようになった。結果的にコストが下がっていくことになったわけです。今、まさにアフリカが当時の日本の状態になっているのです。

今から7、8年前、南スーダンの首都ジュバに行った時、ジュバの街は空港から街の中心部までの1本の道路だけが舗装されていました。あとはまったく舗装されていなかったですね。アフリカの西部から中部にかけては一年のうちに雨季と乾季が交互に来るサバンナ地帯が広がっています。とにかく雨季の雨はすごいです。道路が舗装されていないところでは道路が水浸しになってデコボコになる。道路の凹凸が激しくなって、トラックは突起や穴を避けながら走るので、ものすごく時間がかかってコストがどんどん高くなっていく。それこそ、コーラ1本でも値段が高くなってしまいます。だから、アフリカでは、道路を整備するだけで劇的に経済が発展していくことになるわけですね。

――沿岸国が発展しやすくて、内陸国が発展しづらいということですが、内陸国って、今のところ、インフラ整備する以外に発展する手立てみたいなものはないのですか？

なるほど。手立てとしては、新たな資源の発掘というのがありますね。昔は資源といえば石油や天然ガス、石炭レベルでした。でも、現在はIT産業に必要なリチウムとか、原子力発電に必要なウランとか、そういう新たな資源が脚光を浴びるようになってきました。その新たな脚光を浴びる資源によって国の発展のきっかけをつかむ可能性はあります。新たな資源をうまく活用する、あるいは、それを輸出することによって、その国が発展する可能性があるということですね。

健全な統治と資源の有効活用が発展の鍵

国を発展させるためにとても大事なのは、指導者がちゃんとしているのか、国の統治機構がしっかりしているのか、ということです。指導者と統治機構によって、その国が発展するかどうかが大きく左右されますよね。アフリカには、独裁者によって国がめちゃくちゃになってしまった例があります。一方で、しっかりとした人が大統領になることによって、国が少しずつ再建されていった例もあります。

たとえば、西部にあるナイジェリア（p30図表④下）は大西洋に面しているし、石油が大量に出ますね。海底油田も見つかっています。日本の約2・5倍の国土に2億2000万弱の人口を擁しています。ナイジェリアはものすごく発展する可能性があるのに、ずっと政治が腐敗していて、汚職大国でした。それが、1999年の大統領選でオルシェグン・オバサンジョ大統領が誕生し、汚職撲滅に力を入れたんですね。それによって汚職が少し改善されましたが、ナイジェリアが経済発展するためには、より一層の改善が求められています。

あるいは、東部のルワンダでは約30年前に、「ツチ」と「フツ」のふたつの民族による悲惨な殺し合いが起きました。対立の遠因はベルギーがこのルワンダを植民地支配した時に、そこに住んでいるツチとフツを支配者階級と非支配者階級に分けたことです。フツは主に農耕を、ツチは狩猟・牧畜を営み、ベルギーは少数派のツチを統治に使ったのです。

ヨーロッパの宗主国は自分たちで統治するのではなく、自分たちの代わりの民族を選んで統治をさせました。たとえば、フランスは、インドシナ半島を統治する時に、カンボジアの統治にベトナム人を使いました。結果的に、カンボジアの人たちは、フランスを恨むのではなく、目の前でフランスの手先になっていたベトナム人に対する恨みを募らせ、両国民の関係は険悪になります。そのことがのちに紛争につながっていったのです。

ベルギーは少数派のツチを使ってフツを支配させた。そして、身分証明書にどの民族であるかを記載させて待遇で差別をした。それによって、ツチとフツを対立させることになったのです。独立した1962年以前にも数十万人のツチが殺されています。時が流れて1990年から内戦状態になり、さらに94年に、フツ出身の大統領が飛行機事故で亡くなると、ツチがフツの大統領を殺したという噂が一挙に広がって、フツがツチを大量に殺すという出来事が起きました。死者数は80万人とも100万人ともいわれています。

１９９４年に内戦が終結すると、新政府が発足。民族の和解を進めたのです。民族の出自を記した身分証を廃止し、元兵士には民族に関係なく公平に社会復帰支援をし、女性の地位向上にも尽力しました。２０００年に大統領に就任したポール・カガメ大統領は、ツチ寄りの強権的な政治を行っていると批判もされていますが、積極的な経済発展政策を採って悲劇的な内戦から復興を遂げたことは高く評価されています。今やルワンダは世界有数のコーヒー豆産地になったと前述しましたが、本当に大統領によってそれだけ大きく変わるわけですね。

ところが、非常に残念なことに、そのカガメ大統領は今までずっと大統領で、在任期間が24年になりました。長くなると、だんだん独裁的になってきて、国内で野党勢力を弾圧しています。長期政権というのは、やはり問題が起きるのだなと思います。

私がよく言うのは、民主主義の国かどうかの基準のひとつになるのは、選挙があった時に、選挙結果を負けた側が受け入れるかどうかということです。アフリカでは、過去に選挙に負けた側が「絶対これは認められない」と言って、さまざまな混乱が起きてきました。

でも、日本にしても、ヨーロッパの各国にしても、選挙で負けたら、潔く政権を明け渡すでしょう。日本ではかつて自民党が選挙で負けたら政権を民主党に渡し、民主党が負けたら再び自民党に戻りましたね。選挙結果をきちっと受け入れるかどうかが、実は、民主主義かどうかの大原則になるのです。

アメリカは民主主義の国だと思っていたら、2020年の大統領選でドナルド・トランプ氏は選挙結果を認めなかったでしょう。それで、大混乱が起きてしまったわけですが。本当にそれぞれの国の指導者によって、あるいは、きちんとした官僚組織、統治機構があるかないかによって大きく発展の度合いが違ってきます。アフリカの国々が独立してからの歴史を見ると、そのことを強く感じるのです。

第2章

ヨーロッパに翻弄された歴史

——直線的な国境と強国の収奪

アフリカは人類発祥の地

一般的に、世界史を学ぶ中でアフリカが本格的に登場するのは、15世紀から17世紀にかけての大航海時代からです。15世紀初め、ポルトガルの商人がアフリカ西海岸を探検し、「航海王子」と呼ばれたポルトガルのエンリケが探検事業をさらに推進しました。1488年、バルトロメウ・ディアスがアフリカの喜望峰に到達。さらにヴァスコ・ダ・ガマが喜望峰を回ってインド航路を開いた――。大航海時代の始まりを告げる出来事ですね、世界史の教科書に必ず出てきます。今の世界史教科書は「大航海時代」の用語に代わって「スペイン・ポルトガルの海洋進出」と表現していますが。

かつて、ヨーロッパ人はアフリカを「暗黒大陸」と呼び表わしました。近代になって、ヨーロッパ人がアフリカに植民地をつくって拡大していく過程を、彼らが自ら記録して、それが歴史書として残った。だから、最近までアフリカの歴史はヨーロッパの、つまり植民地にする側の視点で語られてきました。確かに、ヨーロッパによる支配によって、アフリカの運命は大きく変わりました。その影響が現在の国境線や紛争につながっています。この章でも、近世から現代まで強国の支配や介入がアフリカに与えた影響を中心に話していきます。

しかし、当然ながら、ヨーロッパ人が探検に来る前からアフリカにも独自の文化や文明がありました。最も有名なのは、ナイル川流域で発展したエジプト文明（紀元前3000年頃～前30年）ですね。エジプトは国際情勢のニュースでは「中東」に区分されますが、地理的にはアフリカにあるのです。エジプト文明といえば、ピラミッドや象形文字の神聖文字（ヒエログリフ）など特徴ある文化が有名ですね。

では、現在のスーダンがある地域に、黒人最古の王国といわれる「クシュ王国」が存在していたことを知っていますか？　この王国は、エジプトの文化を取り入れながら、紀元前9世紀から紀元後4世紀頃まで栄えました（前7世紀中頃以降はメロエ王国ともいう）。そして、クシュ王国を滅ぼしたのが、現在のエチオピアにあった「アクスム王国」（紀元前後～9世紀）です。アクスム王国はアラビアとの交易で栄え、キリスト教を国教として保護しました。あまり知られていませんが、アフリカには黒人たちのさまざまな王国があったのですね。

アフリカには大小さまざまな民族が存在します。共通祖先を持つ小規模な血縁集団が寄り合い、首長のもとに首長領をつくることが多いのですが、中にはもっと大きな権力を持った王様をいただく王国が現れ、さらに王国同士で勢力争いをする、という歴史がずっと繰り返されてきました。黒人王国の遺跡があまり残っていないので、彼らの歴史をたどることは困難です。それでも、口承として村落や民族の間で伝えられてきた話を採集することによって、アフリカにどのような文明や文化があったのかを調査する試みは１９６０年代に始まり、近年より一層盛んになってきています。

考えてみれば、アフリカにはアフリカ独自の歴史がある、というのは当たり前のことです。何しろ、アフリカが人類発祥の地だということは定説になっています。ホモ・サピエンスは、アフリカ東部のタンザニア、ケニア、エチオピアのあたりで誕生したことがわかっています。人類の歴史がアフリカから始まったということに思いをはせ、なぜ人類がアフリカから誕生したのかという話を少ししようと思います。

人類誕生とアフリカの大地溝帯《だいちこうたい》

アフリカの東端のソマリア全域、ジブチ、エチオピア東部などのある半島を「アフリカの角《つの》」という言い方をします。地図で見ると、動物のサイの角のようなかたちをしているからです。そして、このあたりのアフリカ東部には「大地溝帯」（左ページ写真②）という南北を縦断する巨大な渓谷があります。

地球の内部に、マントルという高温の岩石があることは、学校で習って知っているよね。地球の表面に比べてマントルの深いところは高温なので、その温度差でマントルの一部が上昇し、地表近くで冷えて、プレートが生まれる。牛乳を温めると、上のところに薄い膜ができるでしょう。たとえて言えば、これがプレートだよね。地球の表面には、岩のようなプレートが全部で10数枚乗っかっていますす。そして、ちょうど日本列島周辺では4枚のプレートがぶつかり合っています。プレートの名前は？　誰かわかる人、言ってみてください。

――**北米プレート、ユーラシアプレート、フィリピン海プレート、太平洋プレート。**

正解です。プレートは、マントルの対流に

写真②―ケニアの大地溝帯。この地溝帯は南はタンザニアから始まり、北はエチオピアまで続くグレゴリー地溝帯の一部｜画像提供：©Bianca Otero/ZUMA Press Wire / 共同通信イメージズ

よって一定方向に引きずられるため、それぞれが1年に数センチの速さで違う方向に移動しています。日本列島の下で、4つのプレートがぶつかり合うことによって、地震が頻繁に起きたり、あるいは、火山活動が活発になったりしているわけですね。

アフリカでは、今から約1000万年から500万年ぐらい前に大地溝帯直下のマントルの動きが活発になり、溶けてマグマとなって噴き出すとともに、大地溝帯の両側に2列の山脈をつくった。西側には熱帯雨林が残り、類人猿の祖先は森の木の上で生活を続けることができたが、東側は森林が徐々に草原に変わっていった。森の木の上で生活していた類人猿の祖先たちは次々に絶滅していったが、やむなく地上に降り立って、二足歩行をするようになった類人猿の祖先が生き延び、やがて人類になっていった——。これが人類学者の立てた仮説です。

気候変動によって森が消えていったという説明になっていますが、プレートが割れる時にマグマが噴出し、火山活動が活発になって森が消滅したという説もあります。いずれにせよ、プレートの活動によって人類が誕生したのではないか、というわけです。アフリカの東側、イースト・サイドで初の人類が生まれたという仮説なので、「イースト・サイド・ストーリー」と呼ばれました。ミュージカルの名作映画『ウエスト・サイド・ストーリー』の題名をもじったのですね。

大地溝帯の東側では、類人猿だったり、人類の祖先だったりするほ乳類の古い化石が非常にたくさん見つかっています。ただし、本当に人類がそこに大勢いたから化石がたくさん見つかるのか、ただ化石を残しやすい地層だったからなのかということは、はっきりわかりません。それでも、このあたりで類人猿から人間になる途中のほ乳類の骨がいっぱい見つかっているので、おそらくアフリカの東側で人類が生まれたのではないか。森に住むことができなくなって、地上に降り、二足歩行をすることによって、さまざまな知恵がつき、狩猟を始めるようになったのではないか、という「イースト・サイド・ストーリー」がかなり有力でした。

ところが、最近になって、西側の「ウエスト・サイド」でも同様の古い化石が見つかっています。というのも、アフリカはジャングルがあったり、長い間植民地支配をされていたりで、なかなか研究が進まなかったわけだよね。それが次第に、人類学者たちがアフリカでさまざまな研究をできるようになり、その結果、アフリカ各地で類人猿から人類への移行期の化石が見つかるようになったのです。ということは、人類の最初の祖先はアフリカの東部に限定されず、さまざまなところで誕生したのではないか。現在では、この仮説が有力になっています。

ところで、大地溝帯の東側は、数十万年から数百万年後にはアフリカ大陸から分離していって、島になってしまうだろうと考えられています。大地溝帯のプレートの下では、マントル対流が起きていて、上昇したマントルが左右に分かれて、その流れに乗ってプレートが東西に広がろうとして動いているのです。現在、プレートの左右の幅が一年間に約2センチずつ東西に広がっています。長い年月をかけて、大陸のかたちはこれからも変わっていくのです。

アフリカから世界中に広がった人類

人類の発祥に大地溝帯が関わっているという仮説を紹介しましたが、また別の生物学者が、人間の細胞の中にあるミトコンドリアから人類の起源に迫る論文を発表しています。ミトコンドリアのＤＮＡは母親からしか伝わりません。だから、ミトコンドリアのＤＮＡを調べると、母親、母親の母親……というふうに母親の系統をたどっていくことができるのです。

今から約30年前に、アメリカの学者グループが、できるだけ多くの民族を含む１４７人を無作為に選んで、ミトコンドリアＤＮＡを集めて女系の先祖をたどって分析したところ、およそ14万～29万年前にアフリカで生きていたひとりの女性にたどりつくという研究成果を発表しました。そして、旧約聖書のアダムとイブにちなんで、その女性を「ミトコンドリア・イブ」と名づけたのです。

ここで気をつけないといけないのは、そのたったひとりの女性からすべての人類が生まれたというわけではなく、正確には「すべての人が持つDNAの一部が、アフリカに存在していたひとりの女性に由来することがわかった」ということです。この調査結果から、人類がアフリカで生まれ、アフリカから世界中に広まっていったのだろうと考えられるわけです。

まとめてみると、大地溝帯や火山活動によって、ジャングルの木の上で生活していた類人猿の祖先があちこちで地上に降りてきて、二足歩行ができるようになった。両手が空くことによって、狩猟をしたり、あるいは、狩猟をするための道具をつくったりしたが、牙も角も持っていない類人猿の祖先は、結局、仲間で協力し合って生きていくことになった。やがて人口が増えて、狩猟・採集だけでは全員が生きていくことができなくなって、一部の者はアフリカから出てユーラシア大陸へ向かった。

こうしてアフリカで生まれた人類は世界中に広がっていったというのが、少なくとも人類学者には有力な説のひとつになっているわけですね。日本もかつてはユーラシア大陸と陸続きだったから、日本に移り住んできた人類の祖先もいたのではないか。地球上では、さまざまな場所で土地が隆起したり、温暖化によって海の水位が高くなったり、また逆に、寒冷化によって海の水位が下がり、それまで浅い海で隔てられていた海峡が陸続きになったり、そういうことを繰り返すことによって、人類が地球上に広がっていった。だからアフリカは、私たちにとっての故郷といえるのです。

ポルトガルのアフリカ、アジアへの進出

従来の世界史が、ヨーロッパによる植民地化の視点からアフリカを捉えていたことは、この章の冒頭で話しました。では「大航海時代」が歴史上どんな意味を持つのか、アフリカや日本とも関係の深いポルトガルの進出に視点を移し、世界に及ぼした影響を見ていきましょう。

15世紀後半、まずポルトガルが最初にアフリカ南端を回って、アジアに到達する航路を開拓しました。それに対抗してスペインが大西洋を西に向かってインドを目指したところ、アメリカ大陸に到達します。大航海時代を先導した両国は、争いを避けるため、ローマ教皇に承認させて、トルデシリャス条約（１４９４年）によって世界を二分しました。現地の人たちがまったく知らないところでポルトガルとスペインの植民地分界線を勝手に

決めたのです。この条約によって、ポルトガルはアフリカにどんどん進出し、スペインは中南米に勢力を広げていくということになったわけですね。さらに、両国はサラゴサ条約（1529年）を結び、互いのアジアにおける支配領域も定めました（地図②）。今ではちょっと考えられないけど、当時は世界の正確な地理がまだわかっていないので、ざっくり二分したわけだよね。

――ポルトガルとスペインだけで分割するのは不公平だ、という反対意見がほかの国から出なかったのですか？

その対策のためもあって、ローマ教皇の承認を得ているわけだよね。まだ宗教改革は起きていないし、ローマ教皇が決めたことにヨーロッパのキリスト教国は反論できない。ほ

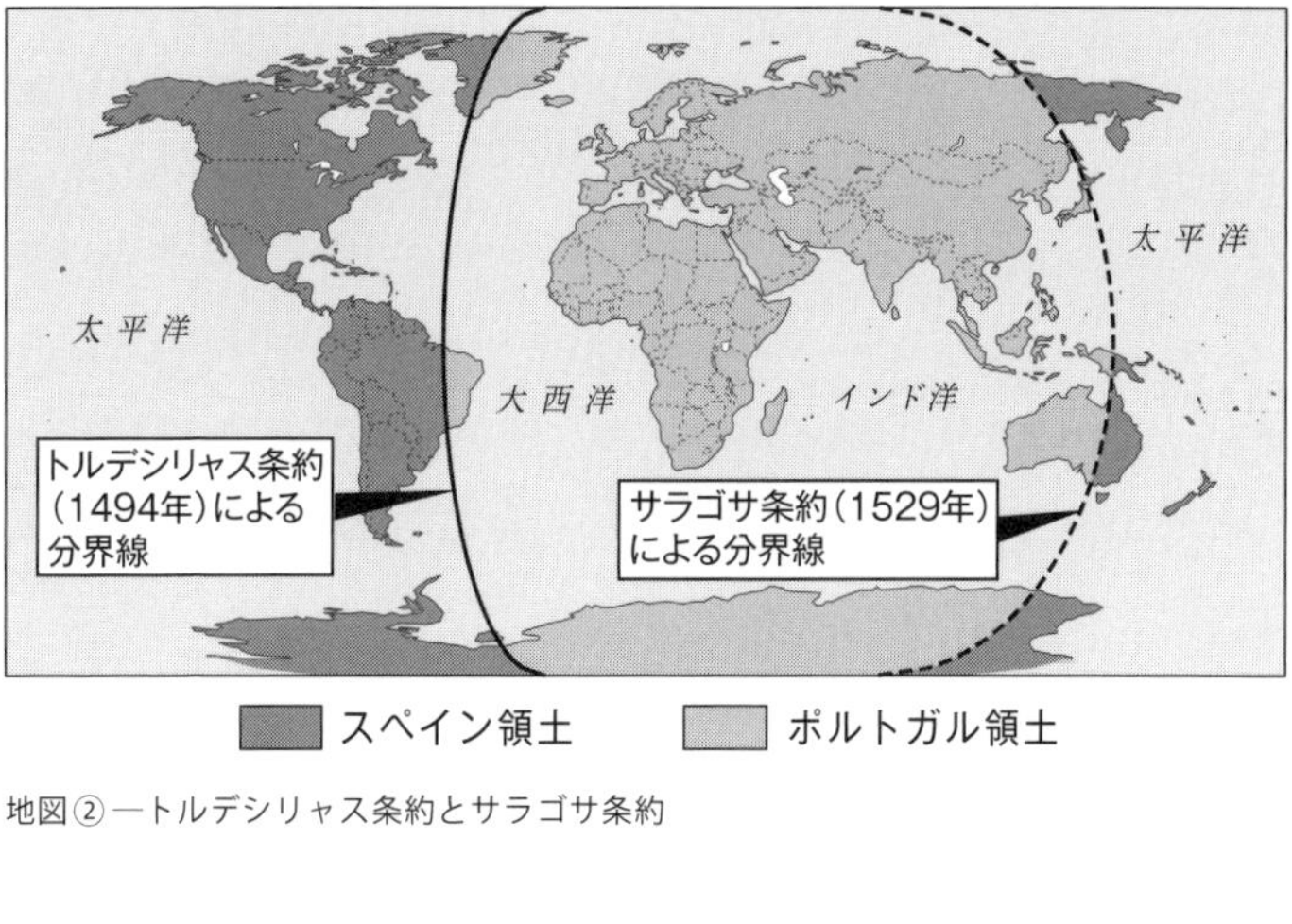

地図②―トルデシリャス条約とサラゴサ条約

かの国が納得せざるを得ないように、ローマ教皇のお墨付きをもらったのです。

――ああ、わかりました。

地図で見ればわかるように、アフリカの西海岸は、ポルトガルのすぐ目と鼻の先だよね。ポルトガルが、いち早くアフリカへ進出できたのは、地理的条件に恵まれていたからということも見逃せません。ところで、エンリケ航海王子はなんのためにアフリカの西海岸を探検させていたのだろうか？

探検の目的のひとつは、アフリカに豊富にあると考えられていた金と象牙を採取し、インド航路を開いて、アラブ商人を介さずに直接アジアの香辛料などを得ることでした。当時、東方貿易は地中海経由で行われ、アラブ商人が香辛料、絹織物などの品々をヨーロッパに売りさばいていました。また、東西交通の要衝であるシルクロードの治安が悪化し、使用が困難になったことも影響したと考えられます。アフリカの南端を回ってアジアへ行くのは、地中海経由に比べるとずいぶん遠いのですが、ルネサンスの影響で羅針盤が改良されたり、天文学や海図製作が発達したりしたおかげで、遠洋航海が可能になっていたのです。

15世紀後半、ポルトガルは現在のガーナのエルミナに交易拠点になる城砦を築きます。最初のうちはエルミナ近郊で発掘される金の貿易が主でしたが、やがて、奴隷貿易の拠点となってゆくのです。では、ここで質問です。

Qポルトガルのインド航路の開拓は、日本にも影響を及ぼしました。どんな影響がありましたか？

――**ポルトガル人を乗せた船がアジアにやって来て、種子島に漂着し、鉄砲を日本に伝えました。**

はい、そうですね。鉄砲伝来は1543年のことでした。当時、日本は戦国時代で、火縄銃と火薬の製法が伝わると、あっという間に広まり、戦国時代の戦い方を一変させることになりました。

ところで、ポルトガル人は種子島にやって来た時、中国人倭寇《わこう》の船に乗っていました。ポルトガルは、インド航路を開拓したあと、16世紀前半にはインドや東南アジアに進出して、香辛料貿易で莫大な利益を上げるようになっていました。そして、中国産の生糸や鉄砲と日本産の銀や工芸品を交換する中継貿易にも参入しようと試みます。ところが、当時、明《ミン》が日本からの貿易船の来航を制限し、中国船が日本へ渡航するのを禁止していました。そのため、倭寇による密貿易が盛んに行われていたのです。ポルトガル商人は倭寇と関係を深め、日中貿易に参入するために倭寇の船に乗っていたのではないか。今では、そんなふうに考えられています。

さらに、ポルトガルが日本と貿易を行うようになると、スペイン人も来航して貿易を行うようになりました。ポルトガル・スペインとの貿易は南蛮貿易と呼ばれました。南蛮貿易はキリスト教の布教活動とセットで行われていました。当時、ヨーロッパでは宗教改革が広がり、プロテスタントの信者が増えたため、カトリック教会は海外で布教して、新たな信者を獲得する必要があったのです。だから、アジアで布教を行っていたイエズス会の宣教師フランシスコ・ザビエルが、１５４９年に鹿児島に上陸し、日本に初めてキリスト教を伝えたわけだよね。

大航海時代は、ヨーロッパ、アジア、アフリカ、アメリカ、４つの大陸が貿易でつながるグローバル化の幕開けでもあったのです。君たちは、教科書などでこの時代のことを「世界の一体化が始まった」と習ったのではないかな。しかし、アフリカやアジアにとって、ヨーロッパ人の進出は脅威でした。最初のうちは商品の売買が目的でしたが、次第に海外の領土を奪って植民地にしたり、大量のアフリカの黒人を奴隷として売買したりするようになるのです。

「三角貿易」で大量の黒人奴隷がアメリカ大陸へ

アメリカ大陸では、16世紀前半に、スペインが中南米の大半の地域を征服して植民地にしました。アメリカ大陸には、インカ帝国やアステカ王国が栄えていましたが、スペインの征服者たちによって滅ぼされたのです。先住民たちは突然捕らえられて奴隷にされ、過酷な労働を強いられて疲弊します。さらに、ヨーロッパ人が知らずに持ち込んだ天然痘などの伝染病によって人口が激減し、労働力不足に陥りました。すると、スペインは労働力不足をアフリカから黒人を連れてきて補おうと考えます。スペインはアフリカに領土がなく、この貿易はイギリスなどが担いました。黒人奴隷をヨーロッパの本国に送ることは、15世紀半ばからすでに始まっていましたが、アフリカからアメリカ大陸へ連れてくる「大西洋奴隷貿易」の口火を切ったのはスペインです。

17世紀になるとスペインとポルトガルが衰退し、新興国のオランダ、イギリス、フランスが西インド諸島や南北アメリカ大陸へ進出し、植民地争奪戦が起こります。これらの新興国は、ポルトガルとスペインで交わしたトルデシリャス条約とサラゴサ条約を認めませんでした。

彼らは、奪った植民地で「プランテーション」を経営します。プランテーションとは、広大な農地に輸出用の単一作物を大量に栽培する大規模農園で、サトウキビ、タバコ、綿花などがつくられました。大規模農園には多数の人手が必要です。そのため、大量の黒人奴隷がアフリカから「商品」として「運ばれる」ことになったのです。

この奴隷貿易は、やがてヨーロッパから鉄砲などの武器や綿布、金属製品などを積んでアフリカに渡り、それと引き換えに得た黒人たち（奴隷）をアメリカ大陸・西インド諸島に送り、そこから綿花、砂糖、タバコ、コーヒー豆などを積み込んでヨーロッパに持ち帰るという「三角貿易」（図表⑦）の一環として行われるようになりました。イギリスを筆頭

図表⑦—**大西洋三角貿易**

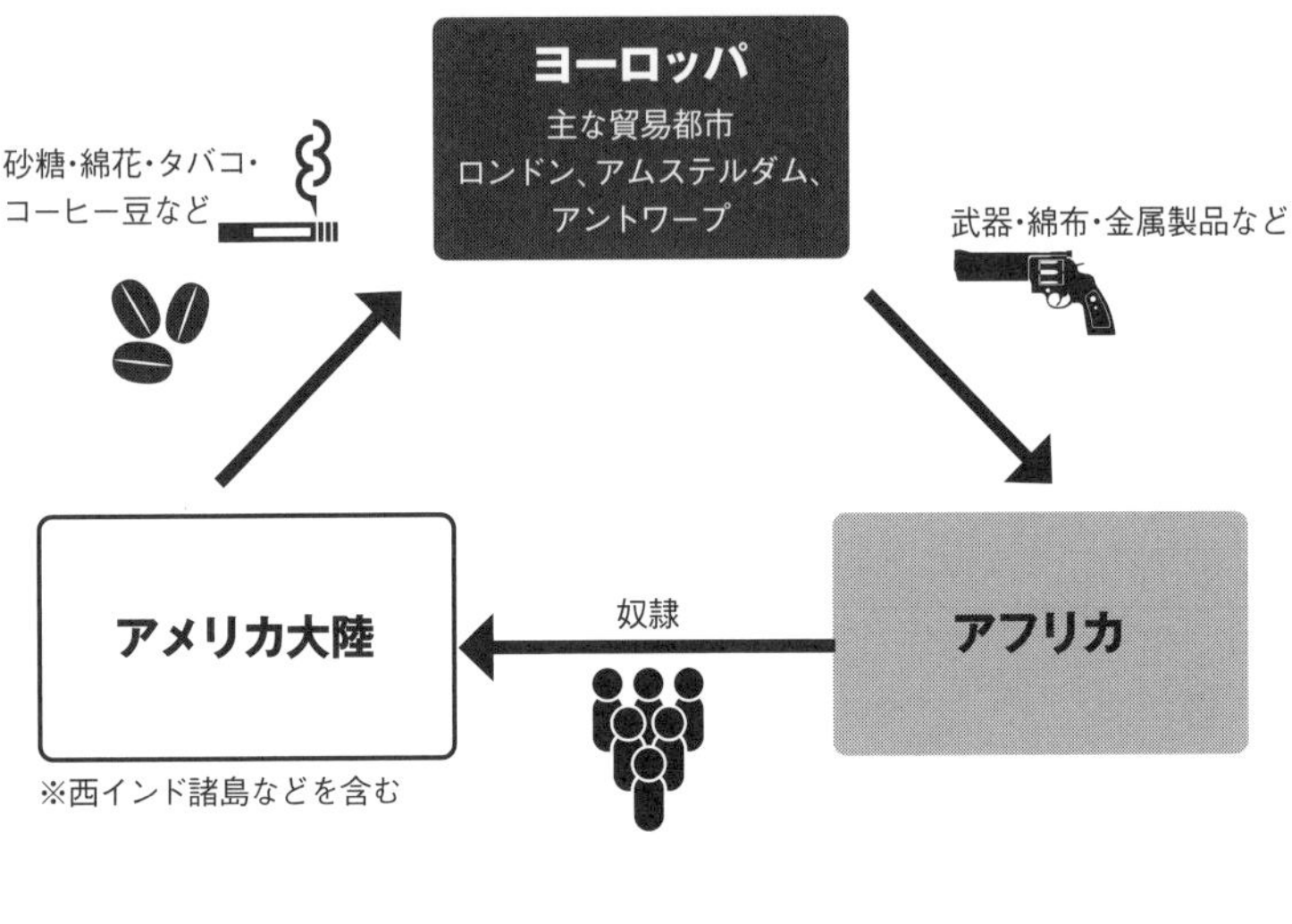

に、三角貿易を行う有力国が莫大な利益を得るのを見て、デンマークやドイツなどほかのヨーロッパ諸国も参入し、アフリカから連れ去られる黒人の数は増大します。15世紀半ばから19世紀半ばまでの約400年間に大西洋を渡って奴隷になった黒人は、1000万人以上になるといわれています。

三角貿易で巨万の富を得たヨーロッパ列強は、産業革命に至る資本の蓄積ができましたが、400年もの間、若い働き手を連れていかれたアフリカは甚大な被害を受けました。地元の産業や工芸は衰退し、新しい知識や技術を獲得することもできませんでした。彼らはひたすら宗主国の利益のために働かされる一方で、白人の黒人に対する人種差別が深く根付くことになったのです。

――奴隷として大西洋を渡った黒人は、今のアフリカでいうと、どの辺にいた人たちなのですか?

今の地図でいえば、主に西海岸のギニア、シエラレオネ、リベリア、コートジボワール、ガーナ、トーゴ、ベナン、ナイジェリアのあたりです。西アフリカの海岸地域には、当時ダホメー王国、ベニン王国、アシャンティ王国など、いくつかの黒人国家がありました。彼らは当初、従来の戦争捕虜や犯罪者などを奴隷商人に売っていました。しかし、大西洋三角貿易で奴隷の需要が急増すると、鉄砲などの武器を用いて内陸の他民族を攻撃し、いわゆる「奴隷狩り」で捕獲してきた黒人を大量に売り渡すようになったのです。
現在のコンゴからアンゴラにかけての地域から連れ去られた黒人が約500万人にも上ったそうです。

――黒人の国の王たちは、自分たちと同じ黒人を、ヨーロッパの奴隷商人に売ることに抵抗はなかったのですか？

近代的な人権思想が入る前ですから、侵略した土地で捕らえた人々を売買するのは当たり前という感覚だったのでしょう。戦国時代の日本でも、戦地になった地域の住民が連れ去られ、ポルトガル商人などを通じて海外に売られたことが伝わっています。もちろん、日本人が海外へ奴隷として売られることを不快に思った人物もいました。豊臣秀吉がキリスト教の神父を追放する「伴天連追放令」を出した理由のひとつは、ポルトガル人が日本人奴隷を国外に連れ出したことでした。奴隷の「輸出」は大きな利益を生みます。奴隷を供給したアフリカ西海岸の黒人国家は、その利益を求め激しく争いました。中には戦いに勝ち、捕虜を奴隷に売ることにより豊かになる国もありました。結局、ヨーロッパ諸国の植民地にされてしまう運命をたどることになりましたが。

――奴隷に関してなんですけど、男性は身体的に働くのに有利だと思いますが、女性は労働力としては、体力的に不利じゃないですか。女性はどういう処遇をされていたのかなと気に

なります……。

とても嫌な言い方だけど、女性を連れてくれれば、子どもを産ませることができる。奴隷を増やせるでしょう。アメリカの場合、たとえば、「すべての人間は生まれながらにして平等」と謳《うた》う独立宣言を起草し、第3代アメリカ大統領にもなったトマス・ジェファーソンも実は奴隷をいっぱい使っていたんだよね。その奴隷の女性との間に子どもをつくっています。奴隷は、家畜や家財道具と同様に持ち主の財産と考えられていたのです。奴隷がいたのはジェファーソンだけではありません。初代大統領のジョージ・ワシントンも、一説には約600人の黒人奴隷を使っていたと伝わっています。ただし、ワシントンは遺言で自分の奴隷を解放するように言い残しましたが。

今、あのジェファーソンですらみたいなことがアメリカで言われていて、ヨーロッパでも、名だたる歴史上の有名な人物が実は奴隷貿易に関わっていたという批判があちこちで起きています。こういう現象を、最近は「キャンセル・カルチャー」と呼んでいますね。社会的に容認できない言動を理由に、個人や組織を排除しようとする動きです。実績のある歴史上の人物でも、「多数の奴隷を使っていた」とか「奴隷の女性に子どもを産ませた」とかいうのは現在の視点から見れば容認できない。許せないと思う人が増えると、「銅像を引きずりおろして捨ててしまえ」みたいな話になる。実際、2020年にアメリカで起きた黒人への差別と暴力に抗議する「ブラック・ライブズ・マター（黒人の命も大切だ）」の運動がヨーロッパにも波及し、各地で奴隷貿易に関わった人物の銅像が撤去されました。

歴史の評価というのは非常に難しいですが、今も黒人差別が問題になると奴隷貿易を思い起こす人が多いのです。ジェファーソンやワシントンの話をしたので、ここでアメリカ合衆国の奴隷について話をしておきましょう。

１６２０年に、ピューリタンの一団（ピルグリム・ファーザーズ）がイギリスからメイフラワー号で北米大陸の東海岸に渡ってきましたね。そして18世紀後半に東部の13の植民地がイギリスから独立してアメリカ合衆国を建国します。その後、合衆国は北米大陸でどんどん領土を広げていきます。その過程については『池上彰の世界の見方 アメリカ２』で詳しく説明しているので、興味のある人は読んでみてください。

アメリカでは奴隷制をめぐって、北部と南部が対立します。北部では家族経営の農業が多かったので奴隷を必要としなかったし、人道的な見地から奴隷制に反対する人が多かった。しかし、南部ではプランテーションで大規模に綿花の栽培をするため、大量の労働力が必要だった。そこで、アフリカから大勢の奴隷が南部に送り込まれていたのです。奴隷を認めるかどうかで北部と南部は対立し、南北戦争に発展していきます。１８６３年にリンカーンが奴隷解放宣言をし、北軍が勝利。戦後に奴隷制は正式に撤廃されましたが、アメリカでは今でも黒人差別がなくなっていない、ということです。

「ベルリン・コンゴ会議」で欧州列強に勝手に分割された

ヨーロッパでは19世紀に産業革命が進み、石炭・石油・鉄など工業原料となる天然資源の供給需要が高まります。また、工業製品を売る新たな市場を開拓する必要がありました。一方で、フランス革命やアメリカの独立後に広まった人権思想の影響で、奴隷制が批判され、19世紀前半にイギリス、フランス、オランダが奴隷貿易を禁止しました。ヨーロッパのアフリカへの関心は、奴隷の獲得から天然資源へと移ったのです。それで盛んになったのが「アフリカ探検」です。

イギリスやフランスは、天然資源のある地域を探して、次々に領土を広げていこうとするわけですね。すると、ベルギーだったり、ドイツだったり、ほかの国々も続々と出てくる。その結果、植民地支配をめぐってヨーロッパの国々が対立することになりました。そこで、1884〜85年にかけてヨーロッパ列強14か国が話し合う「ベルリン・コンゴ会議」という会合がドイツの宰相ビスマルクの呼びかけで開かれ、ヨーロッパの国々だけで、アフリカをどうやって分割するかを決めてしまいました。では、また質問です。

Q　アフリカの地図を見て、気になるところを言ってみてください。

――国境が直線的になっている国が多いです。

――コンゴがふたつある、というかコンゴ共和国とコンゴ民主共和国は隣同士で名前がすごく似ています。

　はい、ありがとう。それこそまさに、ヨーロッパの国々だけで勝手に分割したから起きたことなのです。順に説明していきましょう。

　ヨーロッパ列強は、ベルリン・コンゴ会議で分割のルールを決めました。ひとつは、先に占領した国が自分の領土にできるという「先占権《せんせんけん》」です。これは、沿岸部を占領すれば内陸部の併合も認めるものでした。どういうことかというと、ヨーロッパの国がアフリカに侵入するには船で海から行くわけだよね。海岸線で上陸したところをまず自分の植民地にすれば、そこから先の陸続きの部分は自分の植民地にしていくことができる、というわけです。当然、各国が海岸から勝手に直線を引いて植民地にしようとするよね。

　そこで、占領が認められる条件として「実効支配」が必要というルールも定められます。実効支配とは、植民地にする地域の境界を画定し、ヨーロッパ人の安全と商業活動を保障できるようにしなければならない、というものでした。この時、緯度や経度を基準に土地を区画して統治し、のちに多くのアフリカ諸国がこの分割に沿って独立したため、直線的な国境が多いのです。

さらに、中央アフリカにはコンゴという名前の国がふたつあって、しかも隣接している。「コンゴ民主共和国」と「コンゴ共和国」、民主が付くか付かないかの違いだけで、どう違うのかわかりにくいよね。ふたつのコンゴの歴史を振り返ってみましょう。

コンゴ川流域には、14〜19世紀にかけて「コンゴ王国」が繁栄していました。しかし、コンゴ川流域が奴隷貿易の供給源に組み込まれて衰退し、19世紀に王国は統治不能に陥ってしまいました。そこに目をつけたのがベルギーの国王レオポルド2世です。レオポルド2世は、コンゴ川左岸のコンゴ盆地の首長に領有権を認めさせて私領にしようとしました。これがヨーロッパ諸国の間で問題視され、ベルリン・コンゴ会議が開催される要因にもなったのです。

――なぜ、ベルギーの王様がコンゴを自分の所有地にしようと思ったのですか？

19世紀末にガソリンエンジンの自動車の開発が進み、ちょうどこの頃、量産化が目前という時期でした。自動車を大量につくるようになれば、タイヤの原材料である天然ゴムの需要が急増するでしょう。レオポルド2世は、天然ゴムを生産して大きな利益を得て、ベルギーの国際的な地位を上げようとしたのです。

結局、ベルリン・コンゴ会議で、この地域はベルギー国王の所有地として認められました。レオポルド2世は、認められた所有地を「コンゴ自由国」と名付けて統治しますが、天然ゴムや象牙の採取などで現地の黒人を酷使し、死者を多数出したといわれています。それが国際的な非難を浴び、1908年からはベルギー政府が統治するようになりました。その後、アフリカ諸国が一斉に独立した1960年にベルギーから独立し、ザイールという国名になっていた時期（1971～97年）もありましたが、1997年に「コンゴ民主共和国」になりました。

では、コンゴ共和国のほうはどうかというと、こちらはフランスがコンゴ川右岸に進出して19世紀後半にフランス領となり、1960年に「コンゴ共和国」として独立しました。ふたつのコンゴは、もともと同じコンゴ王国だったのですが、ベルギーとフランスの植民地に分割されたため、そのまま別々に独立したわけです。

――すごく細かいところなんですけど、ナミビアの右上（北東）の国境線が面白いかたちで内陸のほうに伸びているのが気になります。

よく気がついたね。内陸に向かって細長く伸びた部分は「カプリビ回廊」（左ページ地図③）と呼ばれています。ナミビアと、地図で見るとナミビアから少し離れて右上にある東海岸のタンザニア（大陸部）はドイツの植民地でした。ドイツは、この回廊を手に入れれば、ザンベジ川を通ってインド洋に出て、タンザニアに行き来しやすくなると考えたのです。それで回廊を領有していたイギリスと領土交換を行ってこの細長い土地を手に入れました。

でも、ザンベジ川には船が通航できない大きな滝（ビクトリアの滝）や峡谷があり、インド洋まで通れないことをドイツはあとで知ります。なんとも間抜けな話だよね。カプリビ回廊のカプリビは、当時のドイツの宰相レオ・フォン・カプリビにちなんだものですが、そこで暮らす黒人たちにしてみれば、まったく知らない白人の名前を勝手につけられてしまったわけだよね。

しかも、ナミビアは第一次世界大戦後、敗戦国となったドイツの植民地から南アフリカ

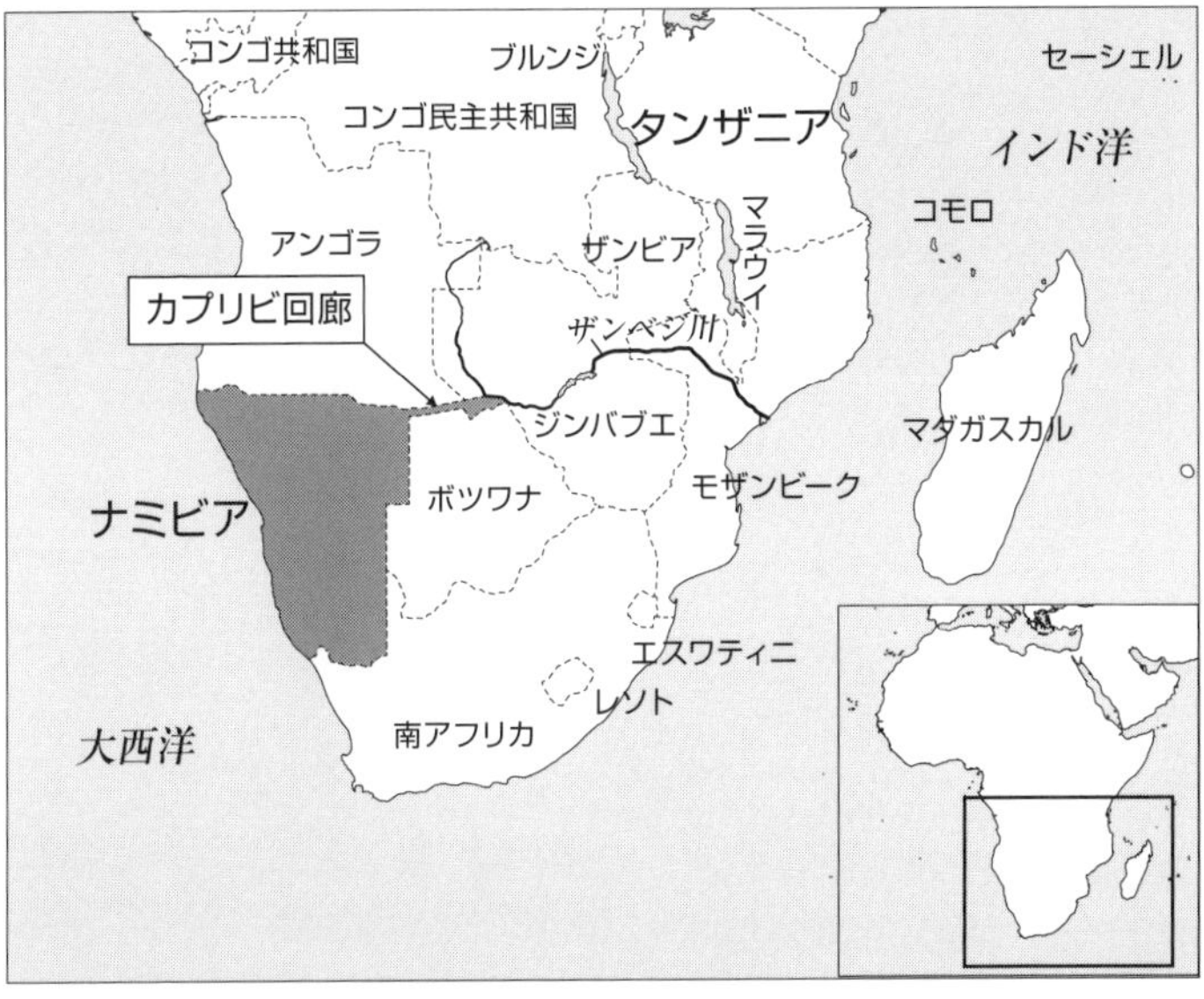

地図③—ナミビアとカプリビ回廊

の委任統治領になり、カプリビ回廊の諸民族は「カプリビ族」という名称でひとくくりにされ、アパルトヘイト政策のもとで差別されることになりました。その苦しみは１９９０年にナミビアが独立するまで続いたのです。ナミビアの内陸に食い込む国境線は、ドイツの侵略と失敗がもたらした負の歴史を今に伝えているのです。

このように、ヨーロッパ諸国が、アフリカの民族の分布や地理・歴史・文化事情を考慮せず、自分たちの都合で緯度や経度を基準に分割したために、同じ民族が分断されたり、異なる民族と一緒にされたりして、紛争と悲劇を生む要因になってしまったのです。

なぜエチオピアとリベリアは植民地にならなかったのか

19世紀末のベルリン・コンゴ会議で領土を奪取するのに「先占権」と「実効支配」が決められたでしょう。要は早い者勝ちで実効支配しちゃえばよい、ということになって、ヨーロッパの国々によるアフリカの植民地化を加速することになりました。

第一次世界大戦が始まった１９１４年時点でのアフリカの植民地の図を見てみましょう（左ページ地図④）。植民地でないのはエチオピアとリベリアだけだよね。南アフリカ連邦も「その他」となっていますが、この当時イギリスの自治領で、独立国ではありませんでした。

地図④—アフリカの植民地(1914年時点)と独立年

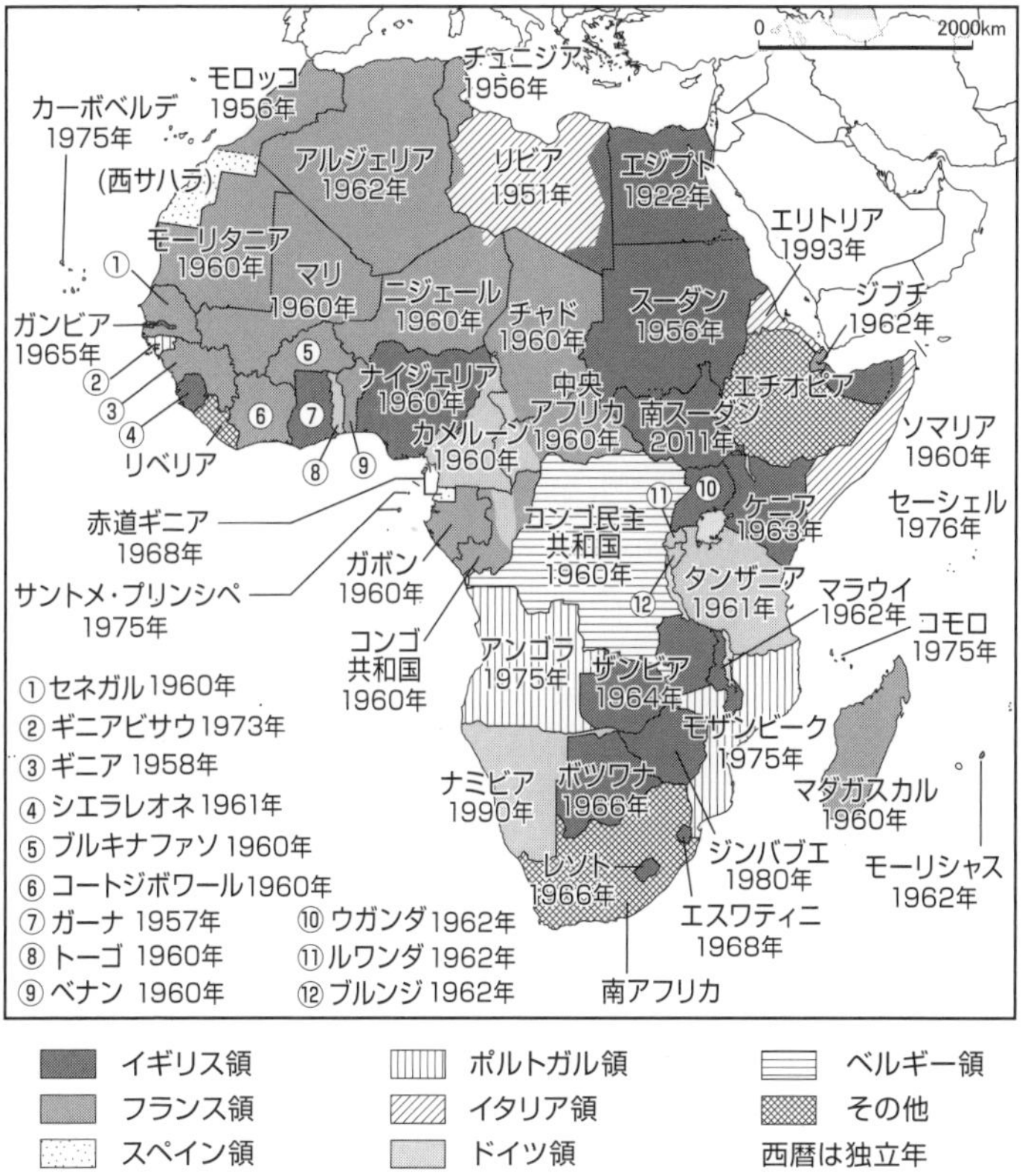

※地図は1914年時点のもので、宗主国はその後も変遷があるため、独立時の宗主国は違う場合もある

――エチオピアは、なぜ植民地にならなかったのですか?

エチオピアは強固な君主制を維持し、近代的な武器を購入して軍隊を強化していたので、1896年にイタリアが侵攻してきた時、撃退することができました（アドワの戦い）。列強の一国であるイタリアに勝ったことで、ほかの列強国からの侵略を受けずにすんだのです。もっとも、イタリアはその後もエチオピアに執着し、1936年からの約5年間は事実上イタリアに支配されますが、第二次世界大戦が始まると連合軍の攻撃を受けてイタリアは撤退。亡命していたエチオピアの皇帝はイギリス軍とともに帰還しました。

ついでにリベリアについても話しておきましょう。19世紀になると、アメリカでは奴隷身分から解放された「解放奴隷」の黒人たちの間で、故郷のアフリカに戻ろうという機運が高まります。そこで、アメリカ植民協会が設立され、この協会が解放奴隷を故郷のアフリカに入植させ、1847年に独立した共和国がリベリアです。首都のモンロビアは入植を開始した時の第5代アメリカ大統領ジェームズ・モンローの名前が由来だし、国旗はアメリカの星条旗に似ています。この事実からわかると思うけど、表向きは独立国ですが、実質はアメリカの保護下にある国でした。

アメリカからリベリアに移り住んだ黒人たちは、もともとそこにいた黒人たちを差別しました。リベリアという国名には自由とか解放とかいう、英語でいえばリバティ（Liberty）

という意味がありますが、残念ながらアメリカの人種差別と同じような支配・被支配の体制が生まれてしまったのです。

支配階級になったアメリカ系黒人は、アメリカのタイヤメーカーと貸与契約を結び、ゴム農園でアフリカ系黒人に過酷な労働を強いました。支配・被支配の関係は第二次世界大戦後も続き、アメリカ系黒人の支配は1980年代まで続きました。その後はアフリカ系黒人の政権ができたのですが、今度は政党間での内戦が激しくなりました。ようやく治安が回復したのは2010年代に入ってからです。

1960年は17か国が独立した「アフリカの年」

20世紀の初め頃には、アフリカ大陸のほとんどがヨーロッパ列強の植民地になっていましたが、抵抗する動きがなかったわけではありません。南アフリカでは、1912年に黒人解放組織の「南アフリカ先住民民族会議（23年にアフリカ民族会議〈ANC〉に名称変更）」が創設され、人種差別撤廃に向けて運動を開始しました。また、北米大陸とカリブ海域のアフリカ系知識人を中心に、アフリカの解放を自分たちの問題と考え、アフリカと連携して解放運動をしようとするパン・アフリカニズムの思想が生まれ、1900年にロンドンでパン・アフリカ会議が開催されました。

こうした活動が、第二次世界大戦後にアフリカの独立運動へと発展し、植民地時代は終焉を迎えるのです。1957年にイギリスの植民地だったガーナが自力独立を果たし、ほかのアフリカ諸国を大いに勇気づけました。1960年には、17か国が一斉に独立し、「アフリカの年」と呼ばれました。

――どうして、その年に独立する国が集中したのですか？

1960年に独立した17か国のうち、14か国はフランスの植民地でした（図表⑧）。これは、どういうことかというと、フランスの方針転換が影響しているのです。1954年以来、フランス植民地である北アフリカのアルジェ

図表⑧―**アフリカの年（1960年）に独立した国と宗主国**

宗主国	独立した国	全部で17か国
フランス	モーリタニア、セネガル、マリ、ニジェール、チャド、ブルキナファソ、ベナン、コートジボワール、カメルーン、中央アフリカ、ガボン、コンゴ共和国、マダガスカル、トーゴ	14か国
イギリス	ナイジェリア	1か国
イタリア	ソマリア	1か国
ベルギー	コンゴ民主共和国	1か国

リアでは独立を求める武装抗争が続いていました。現地のフランス軍とフランス人支配者たちは独立を防ごうとしていましたが、ド・ゴール大統領がアフリカの植民地独立を容認する姿勢に転じたことで、フランスの植民地が一気に独立へ向かったのです。

その後、ほかの西欧諸国の植民地も1970年代頃までに、ほぼ独立を果たしました。しかし、それで、めでたしめでたしとはいきません。独立してからも、アフリカ諸国の苦難は続きます。

Q 独立したアフリカ諸国は、どんな問題を抱えていたのでしょう?

――プランテーションで単一作物をつくってきたじゃないですか。モノカルチャー経済だったので、経済的に自立できないのでは。資源のある国はいいかもしれませんが……。

――インフラの整備を自分たちの政府でできるのでしょうか。

そうだね、独立するまで、宗主国の経済発展のために使われてきたから、自立してやっていける経済的基盤やインフラに不安がある国が多く、教育や医療など基本的な社会制度も一からつくっていかないといけない。同時にはとてもできないから、結局は欧米諸国の支援に頼ってしまう。あるいは、次の第3章のテーマになっていますが、最近は中国が盛んに支援しているでしょう。新植民地主義になりかねない、という声もありますね。

――独立した国々が自立していくうえで、人材が大きなポイントになると思うのですが、イギリスとかフランスとか、宗主国ごとに教育政策に違いとかあったんですか？

いい質問ですね。はい、まさにそのとおりで宗主国によって教育政策に大きな違いがありました。イギリスは、世界中に植民地を持っていたでしょう。植民地経営をするために現地の人たちを育成する必要があったのです。イギリスは植民地支配した国の高等教育機関で現地の人材を学ばせ、高等教育機関がなければつくりました。アフリカでも第二次大戦直後の１９４８年にはナイジェリアのイバダンにイバダン大学を、その翌年にはウガンダのカンパラにある技術学校をマケレレ大学の前身となる高等教育機関とし、優秀な学生を育成し、官僚としてイギリスの統治に使っていくというやり方をしました。

では、フランスはどうしたか。フランスは、優秀な人材をフランス本国に呼んで、フランス本国の大学に通わせて育成し、そのうえで、それぞれの国を統治させました。結果的に、独立を果たしたあと、イギリスの植民地だったところには大学がちゃんとあるわけですね。フランスの植民地支配だったところには、独立した時に人材はいたけれど、大学がない。自分たちで大学をつくらなければいけなかったので、どうしても立ち遅れてしまうということがありました。

とりわけひどかったのはポルトガルで、ポルトガルは植民地から物資を収奪していくだけで、その国の人材を育てようとしませんでした。結果的に、アンゴラとかモザンビークとか、ポルトガル領だった国には、独立をしたあとに高等教育機関もないし、しっかりとした教育を受けた人たちもいないということになったわけだよね。

イギリスの植民地だった国は独立したあともみんな英語が使えるということで、経済が発展する。フランス語も汎用性が高いけれど、ポルトガル語だと全然汎用性がない。以前にモザンビークの人が冗談半分に「どうせ植民地になるなら、ポルトガルじゃなくて、イギリスの植民地になったほうがよかった」なんて言っていましたね。これはブラックジョークですけれど、どこの植民地だったかによって、その国の運命が左右されたということですね。

人為的に国境線を引かれて、国家意識は育つのか

――アフリカの国境って、ヨーロッパの人たちが植民地支配する時に引いたものじゃないですか。なのに、なんで「自分の国」という意識がアフリカの人たちにあるのか気になりました。

それは、すごくいい視点だと思いますね。では、日本はどうだったのか？　江戸時代の

幕末まで、みんな自分たちは日本という国に住んでいるなんていう自覚はまったくなかったわけでしょう。だから、アフリカだって、そこに住んでいる人たちにしてみれば、どこの植民地だとか、自分たちの国だという意識はまったくなかったのでしょう。エチオピアのように、ほとんど植民地になることなく、国家としてまとまっていたところは国家の意識があったかもしれませんが。

要するに、植民地支配をされていると、自分たちがつくった生産物、あるいは、そこの資源が勝手によその国に持っていかれてしまう。それをなんとか阻止し、自分たちでつくったものは自分たちで消費し、その土地の資源は自分たちで使えるようにしたい。そのためには、「独立国」というものにならなければできないのだ、というところから独立意識が出てくるわけだよね。それを宗主国が妨害しようとするので、宗主国と戦う中から、さらに自分の国をつくっていくという意識も育っていったのではないでしょうか。

今でも、特に内陸部に行くと、自分たちはどこの国の国民だ、という意識がない人たちはまだいるんですね。ただ、全体としては、独立闘争をすることによって、国家という意識が生まれていったというふうに考えてもらえばいいと思います。

――アフリカの国境は、民族などを気にせず、まっすぐ引かれているということですが、独立した今、国境を民族の配置などに合わせて変えようという動きはないのですか？

はい、ありますね。それが紛争になるわけです。つまり、もう国境が定められているわけでしょう。既得権益が発生するわけだよね。宗主国が勝手に線を引いたものを、独立したあとにそれぞれの民族に合わせて変えようとすると、その定まっている国境を変えられることに反対する人たちが出てきて紛争になる、ということです。国境を変えることは、さまざまな紛争をもたらすので、非常に難しいのです。

――国境がある意味ってなんなのかと考えると、私は国境はいらないのではないか、と思うのです。EUでは、国境をなくす方向に向かいました。国境線が紛争のもとになるなら、アフリカでも国境をなくすことはできないのでしょうか？

2度の世界大戦を経験したヨーロッパは、その反省から戦争が起きないように、国境をなくしてヨーロッパがひとつになればいいと考え、1952年にECSC（欧州石炭鉄鋼共同体）を設立して、EEC（欧州経済共同体）、EC（欧州共同体）そして、現在のEU（欧州連合）に発展させていきました。

今、南米でも南米のEEC版ともいうべき「メルコスール（南米南部共同市場）」という経済連携協定ができていて、アルゼンチン、ブラジル、パラグアイ、ウルグアイ、ボリビアが正加盟国になっています（ボリビアは批准手続中）。ほかにコロンビア、チリなど6か国が準加盟国で参加していますが、メルコスールができて、仲の悪かった南米の国々の紛争が少なくなってきました。まあ、コロンビアのようにずっと内戦が続いている国はありますが、国と国との戦いというのは、とりあえず起きていませんね。

　そして、今、アフリカでもアフリカ連合（AU）というアフリカ大陸にある国々が加盟する組織があって、アフリカ大陸の中でも自由に行き来できるようにしようじゃないかという動きはあるのですが、実現できていません。

　というのも、なぜEUが成立できたかというと、EUに加盟している国は全部キリスト教圏です。カトリック、プロテスタント、東方正教会という違いはありますが、全部キリスト教ですよね。南米はほとんどがカトリック圏でしょう。言語は、ブラジルがポルトガル語ですが、あとはすべてスペイン語だから比較的まとまりやすいのですね。やっぱり、国境をなくそうという理想があっても、共通のものがないと、なかなかそうならないわけだよね。

　東南アジアにはASEAN《アセアン》（東南アジア諸国連合）があるでしょう。でも、東南アジアは宗教や言葉が多種多様だし経済的な体制も違う。ベトナムやラオスは社会主義だし、タイやインドネシアは資本主義だしという、そういう違いが多いとなかなか国境をなくそうというところまではいかない。だけど、国境をなくせば紛争がなくなる、という理想を持っている人たちが増えてきていることは間違いないと思います。

ロシアを歓迎する西アフリカ諸国

――ウクライナにロシアが侵攻して、国連総会で非難決議を出した時、アフリカ諸国は、賛成せずに棄権する国も多かったですよね。それは親ロシアということなのか、非難している西欧諸国に対して植民地時代に支配された反感が残っているのか、どうなんでしょう？

大事な視点だよね。ソ連とアフリカの歴史的な関係を見れば、帝国主義時代にロシアはアフリカで植民地支配をしなかったでしょう。ソ連は東西冷戦の時代、西欧諸国に対抗して、1970年代まで植民地の独立闘争を支援していました。アフリカの独立闘争の闘

図表⑨―**ロシアのウクライナ侵攻における国連非難決議**（2022年3月）**でのアフリカ各国の姿勢**｜出典：国連

賛成	ベナン、ボツワナ、カーボベルデ、チャド、コモロ、コートジボワール、コンゴ民主共和国、ジブチ、エジプト、ガボン、ガンビア、ガーナ、ケニア、レソト、リベリア、リビア、マラウィ、モーリタニア、モーリシャス、ニジェール、ナイジェリア、ルワンダ、サントメ・プリンシペ、セーシェル、シエラレオネ、ソマリア、チュニジア、ザンビア	28か国
反対	エリトリア	1か国
棄権	アルジェリア、アンゴラ、ブルンジ、中央アフリカ、コンゴ共和国、マダガスカル、マリ、モザンビーク、ナミビア、セネガル、スーダン、南スーダン、ウガンダ、タンザニア、ジンバブエ、南アフリカ	16か国
不参加	ブルキナファソ、カメルーン、赤道ギニア、エスワティニ、エチオピア、ギニア、ギニアビサウ、モロッコ、トーゴ	9か国

士たちは、今の指導層に残っています。西欧諸国やアメリカは、植民地の独立闘争にいい顔をしなかったでしょう。宗主国は植民地を維持したいと思っていた。その時にソ連は独立を支援してくれたという恩義を感じている人たちが、まだアフリカ諸国の指導層に残っているんだよね。だから、ロシアのやり方を非難できないのです（p89図表⑨）。

もうひとつ、ソ連の時代に「パトリス・ルムンバ記念民族友好大学」というのをソ連はつくったんですね。パトリス・ルムンバは、コンゴ民主共和国で独立運動を行い、初代首相になった人物の名前です。ソ連崩壊後は、「ロシア諸民族友好大学」という校名に改称されました。高等教育を受けられないアフリカやアジアの若者たちをソ連に招き入れて、もちろんロシア語での授業になるのですが、解放闘争のやり方や、ソ連式の国づくりの方法をたたき込んだのです。その大学の卒業生たちが今もアフリカのそれぞれの国で要職を占めているという現実があります。

今から十数年前ですね、私の友人で、外務省の主任分析官だった佐藤優《さとうまさる》氏が、アフリカの大使たちとの会合の席でロシア語を話したら、大使たちがみんなロシア語を理解できたそうです。ただし、独立闘争を経験した指導層がこのあと減っていくと、ロシアへの恩義や親近感は変わってくるかもしれません。そこでロシアは、それぞれの国への影響力を持ち続けるために、さまざまな行動を起こしていますね。

マリ、ニジェール、チャド、ブルキナファソなど、かつてフランスが植民地にしていた西アフリカ地域にイスラム過激派が流入してきて、軍によるクーデターも多発しています。2020年とその翌年にマリ、2022年にブルキナファソ、2023年にニジェールで軍部によるクーデターが起きて軍事政権ができています。マリとブルキナファソの軍事政権は、フランス駐留軍を撤退させ、代わりにロシアの民間軍事会社ワグネルを迎え入れてロシアとの関係を深めています。

ワグネルの指導者プリゴジンが死亡したあと、ワグネルはプーチン大統領直属の「国家親衛隊」に編入されたと報じられています。ロシア国防省は、アフリカでのワグネルの権益を維持するために「アフリカ部隊」をつくり、2024年中に親ロシアの5か国に展開する計画です。

――最近アフリカへ進出しているのは中国だと思っていました。

中国のアフリカ進出が頻繁に報道されるのに比べると、ロシアとの関係は、近年のワグネルをめぐる報道で少し表面に出てきたというところでしょうか。次の章では、アフリカとの関係で注目を集める中国の動向について見てみましょう。

第3章

中国とアフリカの深まる関係
――「一帯一路」に組み込まれた国々

独立闘争の支援から外交関係を築いた

現在、中国はアフリカと強固な経済連携を図り、世界各国があとを追う展開になっています。では、現代史において、中国がアフリカと接点を持ったのはいつか。1950〜70年代にアフリカ各地で独立運動が起きた時、中国共産党が彼らの植民地解放闘争を支援したのが始まりでした。中国は、反帝国主義闘争・植民地解放を支援するというかたちで、イデオロギーを拠りどころに、アフリカの独立を応援したわけです。当時は見返りを求めずに無償で応援してくれた。そこから中国への感謝の念というか、恩義を感じる人たちがアフリカにいるわけですね。

――**独立闘争の支援で、中国は具体的に何をしたのですか？**

主に武器を供給した、ということですね。小銃、機関銃、手榴弾のような小火器を中心に、武器をアフリカに送り込んでいたのです。アフリカ諸国が独立を果たすと、中国は1963年12月から翌年2月にかけて周恩来《しゅうおんらい》首相（当時）がガーナ、マリ、エチオピアなどアフリカ10か国を訪問して外交関係を築きました。この時、中国は対外援助の原則として、平等互恵、援助する国の主権尊重、自力発展の支援などを謳う「対外援助8原則」を発表しました。

　そのうえで、中国は早くからアフリカ諸国に対し、若いアフリカ人を中国国内の大学で教育を受けさせる支援を行ったり、インフラ整備に投資をしながら援助したりするやり方を続けてきました。初期のプロジェクトで代表的なのが、タンザニアと隣国ザンビアを結ぶタンザン鉄道（地図⑤）です。この鉄道は、ザンビアの銅鉱石の産地とタンザニアの港湾都市を結んで、銅の輸出路を確保するために建設されました。中国の援助によって１９７０年に着工、７６年に開通しました。隣国へ通る鉄道といっても、全長約１８６０キロメートルもあります。日本の本州の長さが約１５００キロメートルでし

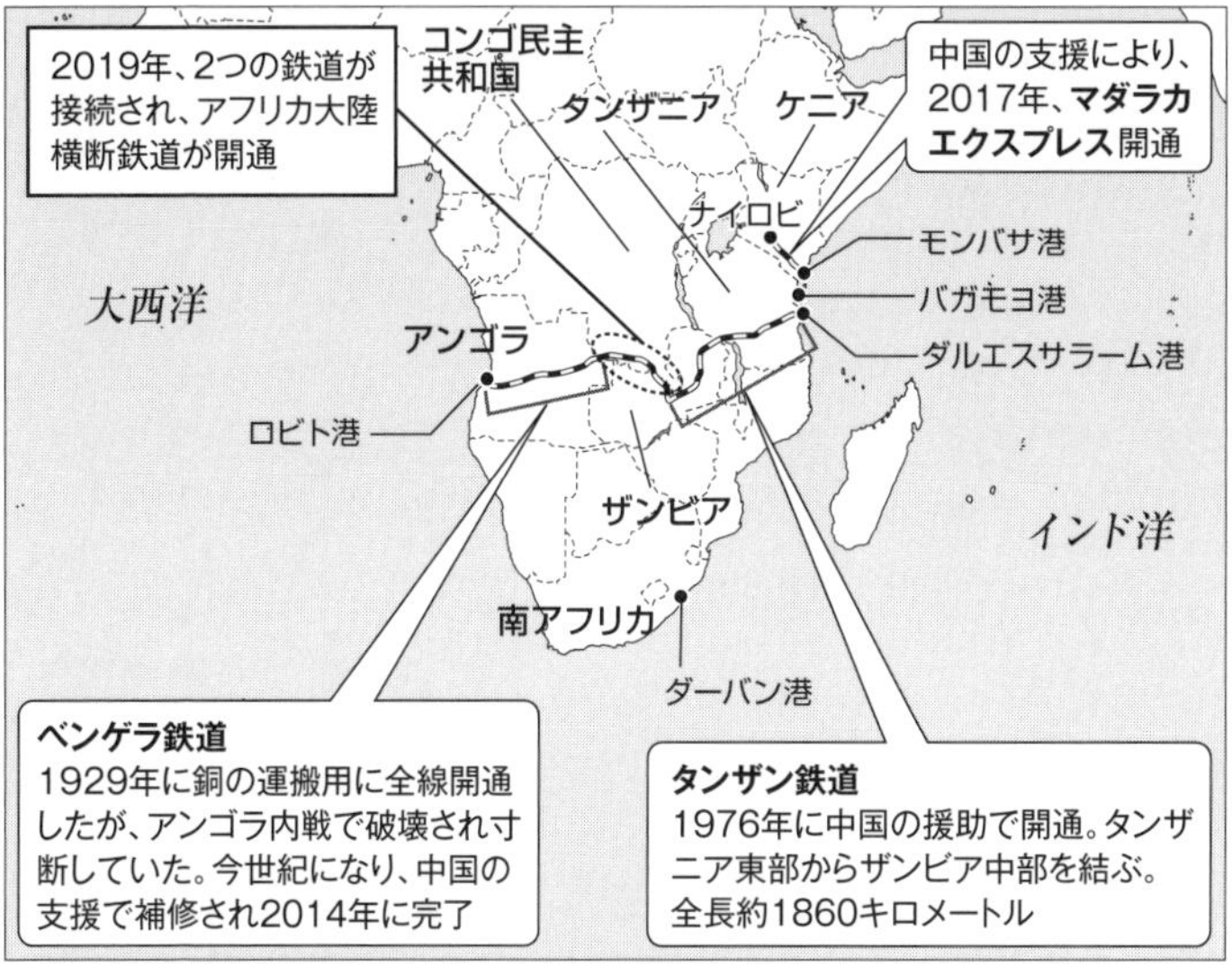

地図⑤—中国の支援によるアフリカ大陸鉄道網

ょう。いかに長距離の鉄道か想像できますね。始発から終点まで乗ると2泊3日かかるそうです。

——鉄道を建設した当時、中国はまだ発展途上国で、しかも文化大革命（1966〜76年）と重なる時期に、そんな余裕があったのでしょうか？

いい視点ですね。文化大革命は、政治権力を失いつつあった毛沢東《もうたくとう》が復権するために起こした革命運動で、知識人を中心に多くの犠牲者が出ました。毛沢東はその前に実施した大躍進政策（1958〜61年）でも農村の大規模集団化で失敗し、少なくとも3000万人の餓死者を出したといわれています。

それほど国内が疲弊した状態で、経済的余裕などない時代にも、中国はアフリカを援助し続けていたのです。驚くべきことですが事実です。独裁者がいれば、国民が困っていても支援を続けられるわけですね。カリスマ指導者の毛沢東に、支援を止めようとか減らそうとか言って毛沢東の機嫌を損ねたくない。周りの人は毛沢東が喜ぶような報告しかしなくなります。専制的な体制のもとで、国民の意思とはかけ離れた政治が行われていた、ということです。

一方で、アフリカへの支援はソフトパワーでも発揮されました。中国は1960年代初頭から、中国人医師の医療チームをアフリカ諸国へ派遣して、「医療外交」を行ってきました。1963年からの60年間に、約2万8000人の中国人医師がアフリカを中心に73か国を訪問したそうです。これで何か思い出しませんか？　コロナ禍の時に、中国がアフリカや中南米の途上国にワクチンを提供して「ワクチン外交」と呼ばれていたでしょう。あのワクチンはあまり効かなかったようですが。中国の医療支援は、中国が発展を遂げたあとから始まったと思っていたかもしれませんが、実はずいぶん以前から行われていたのです。

道路や鉄道の建設に医療支援という硬軟織り交ぜた中国の援助は、アフリカの人々の中国に対するイメージアップになりました。中国にも変化が生じていました。最初のうちは反帝国主義や植民地解放といったイデオロギーでアフリカ諸国を応援していましたが、周恩来のアフリカ訪問の頃には、中華民国（台湾）に代わって中華人民共和国を中国の代表と認めてほしいという「代表承認」が「援助」とセットになったのです。

第二次世界大戦が終わると、勝利した連合国が国際連合（国連）をつくりましたね。中国は安全保障理事会の常任理事国でしたが、この時の中国は、日中戦争で戦っていた中華民国です。日中戦争に勝利した中国では、1946〜49年にかけて国共《こっきょう》内戦という国民党と共産党の内戦がありました。共産党が勝利して中華人民共和国が成立しましたが、敗れた国民党政府は台湾へ逃げて中華民国政府を維持し、「中華民国が中国の代表」と主張していたのです。中華人民共和国は、それをひっくり返したい。アフリカ諸国が独立して国連に加盟し、それぞれが票を持つようになれば、ヨーロッパやアジアに匹敵する大票田になります。

やがて、中国の思惑どおりになる時が訪れます。1971年の国連総会で、中華人民共和国が中国の代表になる決議が採択されました。この時、中国の援助を受けてきたアフリカ諸国の支持が大きな力になったのです。

アフリカ支援に中ソ対立の影響

――ロシアもソ連時代にアフリカの独立運動を援助していたと前の授業（第2章）で聞きました。「中ソ対立」が生じるようになると、ソ連と中国の間で、アフリカの支援をめぐって摩擦とか競合は起きたのでしょうか？

これもいい質問ですね。中ソ対立は1950年代末頃から始まりました。1956年にソ連のトップだったフルシチョフ共産党第一書記が、ソ連の独裁者だったスターリンを批判する「スターリン批判」を行い、欧米資本主義国との平和共存路線を取ります。するとスターリンを批判することは許せないと考えた毛沢東が反発。中国と関係が悪くなって、

69年には中ソ国境で軍事衝突も起きています。アフリカで独立闘争が行われていた時期が、ちょうど中ソ対立の頃と重なるわけですね。アフリカにおいても、ソ連と中国が敵味方に分かれて軍事支援するという対立はありました。でも、当時はソ連のほうが圧倒的な経済力と影響力がありました。経済力ではるかに劣る中国は、ソ連に対抗しうるような支援ができなかった。だから、中ソ間でそれほど激しい対立にならず、表面化しなかったのです。

たとえば、アフリカ西岸のアンゴラはポルトガルの植民地から独立しましたが、1976年に反政府闘争が始まりました。社会主義を目指す政府軍をソ連が支援し、反政府軍を中国や南アフリカ政府などが支援します。その時にソ連が何をしたかというと、友好国のキューバ軍をアンゴラに送り込んだのです。ソ連が直接ではなく、ソ連の言うことを聞いていたキューバから軍隊をアンゴラに送り込んで政府軍を支援するというやり方をしていた。中国はとてもそれだけの支援はできませんでした。

もう1例挙げておきましょう。「アフリカの角」と呼ばれる地域にあるソマリアとエチオピアは、ともに冷戦時代のソ連と友好条約を結んでいましたが、ソマリアが周辺のエチオピアやジブチ、ケニアなどに住むソマリ人を統合した「大ソマリア」の建設を唱え、1977年にエチオピア・ソマリア戦争(オガデン戦争)が勃発しました。この時、ソ連はエチオピアを支援し、アメリカやサウジアラビアなどがソマリアに味方しました。東西冷戦の代理戦争のようになったわけですが、中国はソ連と対立していたため、西側陣営が支援するソマリアのほうに付いたのです。

結局、この戦いは約10年続いて1988年に終結し、前述のアンゴラ内戦も1991年に和平が成立しました。「中ソ対立」のほうは80年代後半になって関係が修復されます。ソ連のペレストロイカ、中国の改革開放路線が始まると両国の関係が急速に改善されたということですね。

中国が急速に経済成長した

中国では1976年に毛沢東が死去し、文化大革命は終了します。鄧小平《とうしょうへい》が新指導部の中心になると、改革開放路線に転換し、イデオロギーは置き去って、経済的にはすっかり資本主義国になりました。わかりやすく言うと、今の中国は、中国共産党の言うことさえ聞いていれば、どんなに金儲けをしてもいいという体制なんですね。これを「社会主義市場経済」と中国では呼んでいます。

この言葉は、明らかに形容矛盾だよね。社会主義では計画経済が行われます。政府が生産品目、個数、製造元、分配まで、すべて計画を立てて、計画に基づいて経済を運営するのが計画経済。それに対して、市場経済というのは、個人や会社がものやサービスを自由に売り買いできる仕組みです。市場経済とは、資本主義そのものなのです。当初は「社会主義市場経済」の意味がわからなかったのですが、要するに、共産党の言うことさえ聞いていれば、どんなに金儲けをしてもいいぞということだったのです。

それまで毛沢東の時代の中国というのは、国がすべての計画を立てて、鎖国のような状態で外国の企業の進出を認めていませんでした。外国の企業が入ってくると、資本主義のイデオロギーも入ってきてしまうのではないか、と考えて一切止めていたのです。

一方、鄧小平は「中国を発展させるために、国営企業をなるべく減らし、民間企業の活力で経済を発展させていこう。そのためには、海外からどんどん投資を受け入れよう」と考えました。つまり、「世界の工場」になって、経済を発展させようとしたわけですね。当時の中国は人件費も非常に安かったので、世界中のいろんな分野の企業がこぞって中国に工場をつくり、生産を開始しました。

最初の頃は、もちろん、中国の人たちは資本主義に慣れていなかったために、うまくいかないことがたくさんありました。でも徐々に資本主義のやり方を学び、さまざまな技術を習得していきました。そうやって中国が成長し、今では自分たちで独自のブランドをつくっているわけですね。実はこれこそ、まさに１９６０年代の日本の姿なのです。

私が小学生から中学生くらいの頃ですね。当時の日本には、偽物がいっぱい氾濫していました。たとえば、有名ブランドのロゴや柄をまねたトイレ用スリッパが出回っていたのです。ブランドの偽物をつくるのが悪いことだ、なんていう考えがまったくなかったわけですね。それが次第に経済が成長してくると、そういうことはいけないのだと、みんなが理解できるようになる。著作権などオリジナルのものは尊重しなければいけない、という意識が定着するまでには時間がかかるのです。中国も、今、ようやくそういうモノマネから独自のものをつくる段階になってきています。

アフリカに資源を求めた中国の事情

そして、経済が急激に成長すると、「資源」がとにかく必要になるわけだよね。昔の中国は、石油や石炭を自給自足できていました。しかし、石油の消費量がどんどん増えてくると、中国の国内の石油だけでは足りなくなり、石油を輸入しなければいけなくなる。でも、温暖化対策を考えると、多くの二酸化炭素を排出する石炭を使うわけにはいかないよね。なんとしても石油や天然ガスを調達するとなれば、さあ、その資源はどこにあるのか？

中国の経済発展は欧米や日本より遅かったでしょう。中東はヨーロッパやアメリカがみんな押さえているわけです。まだヨーロッパやアメリカが十分押さえきれていないのはアフリカだということになり、今世紀に入ると、アフリカに資源を求めてどんどん進出していくことになったのです。

アフリカ大陸は、もともと石油や鉱物などの天然資源が豊富（図表⑩）でしたが、20世紀の間は政情不安で内戦が多かったり、貧しかったりして、資源開発を自力で行うことができませんでした。海外からの援助や投資もしにくい状況だったのです。しかし、21世紀に入ると、政治が安定する国が増え、インターネットや携帯電話も普及し、ビジネスをしやすい環境になってきました。

図表⑩―**アフリカの主要鉱物埋蔵量の世界に占める割合**

出典：USGS Mineral Commodity Summaries 2024をもとに編集部で作成

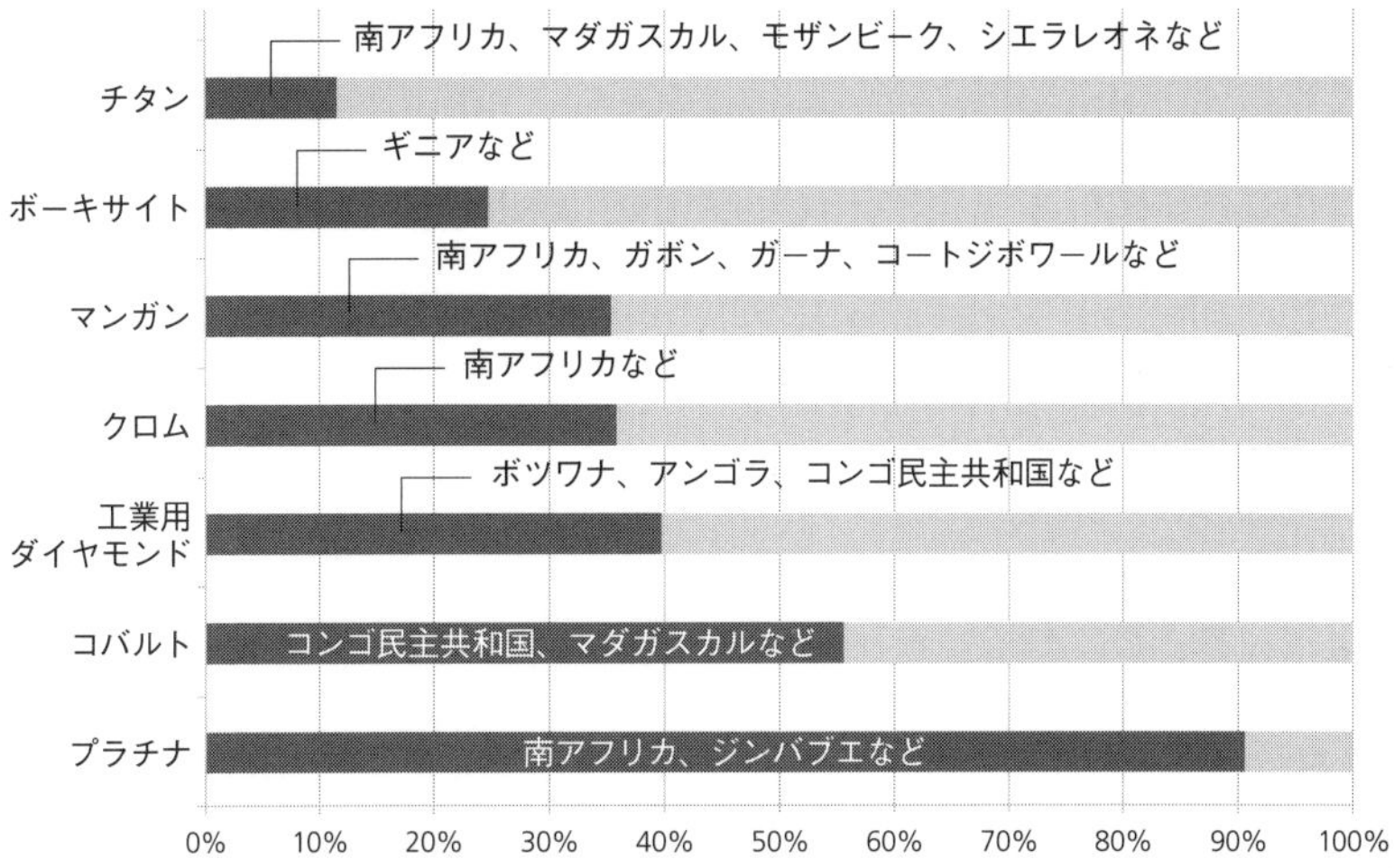

そして、資源価格の高騰や掘削技術の進歩によって、これまでは不可能だった近海の石油や天然ガスが採掘できるようになり、レアメタルなどの希少な地下資源開発もできるようになったのです。アフリカでも次々に、石油や天然ガス、レアメタルが見つかりました。

中国は、「資源」だけでなく、自分たちがつくった製品を売る新たな「市場」も求めていました。「世界の工場」から、自分たちで新しいブランドをつくって売るようになったため、市場を開拓する必要があったのです。

途上国の底辺層をBOP（ベース・オブ・ピラミッド）といいます。アフリカでは21世紀になってから人々の生活水準が向上し、このBOP市場が拡大しています。中国は、アフリカに新たな市場としての可能性を見出しま

図表⑪—**台湾と国交のある国、断絶した国（2000年以降）**

中南米	アフリカ	オセアニア	ヨーロッパ
ベリーズ	エスワティニ	マーシャル諸島	バチカン
グアテマラ	リベリア（2003年）	パラオ	北マケドニア（2001年）
ハイチ	セネガル（2005年）	ツバル	
セントビンセント・グレナディーン	チャド（2006年）	バヌアツ（2004年）	
パラグアイ	マラウィ（2008年）	ソロモン諸島（2019年）	
セントルシア	ガンビア（2013年）	キリバス（2019年）	
セントクリストファー・ネービス	サントメ・プリンシペ（2016年）	ナウル（2024年）	
ドミニカ国（2004年）	ブルキナファソ（2018年）		
グレナダ（2005年）			
コスタリカ（2007年）			
パナマ（2017年）			
ドミニカ共和国（2018年）			
エルサルバドル（2018年）			
ニカラグア（2021年）			
ホンジュラス（2023年）			

（網掛け）2000年以降、台湾と国交を断絶

した。

今世紀になってから、中国のアフリカ進出の目的は「資源を確保する」「中国製品を買ってもらう市場にする」「台湾をめぐる問題で中国に有利な国際世論を形成する」という3つになっています。

——台湾をめぐる問題とはなんですか？

中国は台湾を自国から分離した「省」とみなし、中国の領土の一部だと考えています。ちなみに中国の「省」は日本の都道府県にあたります。習近平《しゅうきんぺい》国家主席は、台湾統一は「必ず果たされなければならない」と言っていますね。中国の狙いは、台湾統一を支持する国を増やして自分たちの主張を国際世論にしていくことです。台湾と国交を維持している国は今世紀の初めには32か国ありましたが、現在は世界で12か国まで減りました（右ページ図表⑪）。中国は外交圧力によって台湾をさらに孤立させ、最終的には「ひとつの中国」を実現させたいのです。

それに対し台湾では、中国が独立派とみなす民進党（民主進歩党）の頼清徳《らいせいとく》氏が2024年5月に台湾総統に就任し、統一も独立も求めない「現状維持」の方針を明らかにしましたが、台湾統一を主張する中国は反発しています。

「新植民地主義」と批判された

今度は、21世紀になって新たな資源の開発が進むアフリカの立場で考えてみましょう。経済を発展させていくために、内戦などがあって遅れていたインフラ整備を始めようとすると、そのためのお金が必要です。お金がなければ融資してもらわなければなりません。

Q 開発途上国のインフラ整備にお金を貸してくれる金融機関といえばどこですか？

――**世界銀行です。**

そうですね。世界銀行は、開発途上国に融資や技術援助をする国際機関です。日本も、戦後、高度経済成長のあたりだよね。世界銀行からお金を借りて、東海道新幹線、東名高速道路、黒部ダムなどをつくり、その借金を返してきました。世界銀行の融資は、貧困削減や開発支援を目的としているから低金利ですが、返済計画は厳しく審査されます。

あるいは、アジア地域の途上国なら、世界銀行とは別に、アジア開発銀行から融資を受ける手もあります。アジア開発銀行は、アジア地域の貧困解消のために途上国のインフラ、教育、保健衛生などの事業に低金利で融資を行っています。アジア開発銀行も、ちゃんと返せるのか、という審査はしっかりするわけだよね。

ところが、中国は、返済能力があるかどうかに関係なく、どんどんお金を貸してくれます。その代わり、金利が高い。世界銀行にしても、アジア開発銀行にしても、ちゃんと返してもらえるのであれば、低い金利でお金を貸しましょうという姿勢です。しかし、中国の場合は、お金を貸してあげますよ。だけど、返してもらえないかもしれないから金利は高いですよ、というわけです。でも、アフリカにしても、アジアの国にしても、独裁者による強権的な体制の国だと、お金を借りて立派な建物を建てれば、それが自分の実績になります。

——たとえば、どんな建物ですか？

軍事基地を造る支援をするとか、あとはいわゆる箱モノだよね。国際会議場とか、国立競技場とかをたくさん造ってきました。アフリカに行くと、もうびっくりするような立派な会議場などの施設が建てられていることがあります。ほとんどが中国の融資で造られているものです。

だけど、身の丈に合っていない借金をするから、途中で返せなくなるでしょう。返せなくなると、中国が担保を全部うちのものにしますよと、取り上げてしまうわけですね。担保になるのは、施設や土地、石油や天然ガスなどの資源です。これが「債務の罠」と呼ばれるやり方ですね。

「債務の罠」の有名な例が、インドの南にある島国スリランカのハンバントタ港です。港湾整備のために、中国が多額の融資をしたのですが、利益を上げられず、スリランカは借金を返せなくなってしまった。すると中国が、99年間その港の使用権をいただきますよということになったわけです。中国に対して、こういうかたちで支配地域を広げていくのは植民地政策と同じ、すなわち現代における「新植民地主義」ではないか、という国際的な批判が向けられました。

さらに、インフラの整備をするためには、そこで働く労働者が必要でしょう。中国は、労働者を中国から連れてきました。これには、やむを得ない部分もあります。アフリカでは、まだ人材不足だったり、あるいは、建設をするうえでいろんなことを指示しても、言葉の問題があったりで理解できない。中国にしてみれば、中国から労働者を連れてくれば、言葉の問題もないし、ものをつくる技術もある。結果的に、中国の労働者を連れてきて、道路や港をつくることになったのです。

そうなると、中国が融資して途上国に渡したお金は、中国のさまざまな企業が受け取ることになるわけでしょう。しかも、中国人労働者が大挙して来ると、彼らの生活を支える中華料理店ができたり、中国人が営業するクリーニング店もできたりします。その結果、中国の融資によるプロジェクトは全部中国人だけで回ってしまって、地元にお金が落ちないという事態に陥ったのです。借金だけ残り、地元の人たちに全然恩恵がない。あるいは、技術力の移転もない。これがとても大きな問題になりました。

さすがに最近、中国もそれを学びましたね。あまりに中国の評判が悪くなるものだから、最近はかなり改善されています。中国もなるべく現地の人を雇用するようになっています。でも、中国人労働者がいるから、周辺に中国人がお店を開くのは変わりません。そうすると、インフラ整備が終わっても、そこに中国人が住みつくというかたちで、今、アフリカで中国の人たちが住んでいる地域がどんどん広がっています。5、6年前にはアフリカに100万人の中国人がいるといわれていましたが、現在はさらに増えているということですね。こうして中国がアフリカで、どんどん影響力を強めているのです。

2013年に私がアフリカに行った時、現地の人はまず中国語で「ニーハオ」と声をかけてきました。「ニーハオじゃない」と言うと、韓国語で「アンニョンハシムニカ」って言われるんですね。いや、いや、ニーハオでもアンニョンハシムニカでもないって言うと「じゃあ、どこだ?」という顔をされました。中国の改革開放以前は、ヨーロッパでもアメリカでも、東洋系の人を見れば「こんにちは」と声をかけてくれた。それが、いつしか、アジア系なら最初に「ニーハオ」と言われるようになり、ニーハオじゃなければ「アンニョンハシムニカ」となってしまいました。日本の存在感が薄くなっていると肌で感じて非常に残念ですけど、それが現実なんですね。だからこそ、君たちに期待をしたいということになってくるわけですが。

――日本もアフリカでインフラの支援をしていますが、中国とはどこが違うのですか？

日本も最初に海外で協力する時に、いろんな失敗を重ねてきたのですが、日本がアフリカを援助する場合は、現地の人を雇用するようにしています。言葉の問題もあるし、技術のない人に教えながら進めるのは大変根気のいる作業です。そこを一生懸命努力して、現地の人たちに技術を移転し、働いてもらい、結果的に現地にお金が落ちる。日本の援助はそういうやり方をしているんですね。

だから、中国に比べて、日本の援助のほうが地元の評判はいいのですが、政府レベルだと話が違ってきます。中国は内政不干渉という立場を取っていて、たとえ国民を苦しめる独裁国家であっても、中国と外交関係がある国には援助しています。軍事政権の国に立派な軍の施設を造れば軍の力が増し、独裁者を利することになる。独裁政権にとっては中国方式の援助が好ましいのです。だから、アフリカ諸国には中国を支持する国が多いわけですね。日本の援助については、第6章で詳しく説明します。

「一《いっ》帯《たい》一《いち》路《ろ》」と漢民族の栄光

Q 習近平国家主席が進めている中国とヨーロッパなどを結ぶ巨大経済圏構想をなんといいますか？

――「一帯一路」です。

はい、そのとおりです。習近平国家主席が提唱して約10年たって、よく知られるようになりました。これは、陸のシルクロードと海のシルクロードを改めて現代につくろうという大構想です。陸のシルクロード（一帯）は中国から中央アジア、中東、ヨーロッパを結び、海のシルクロード（一路）

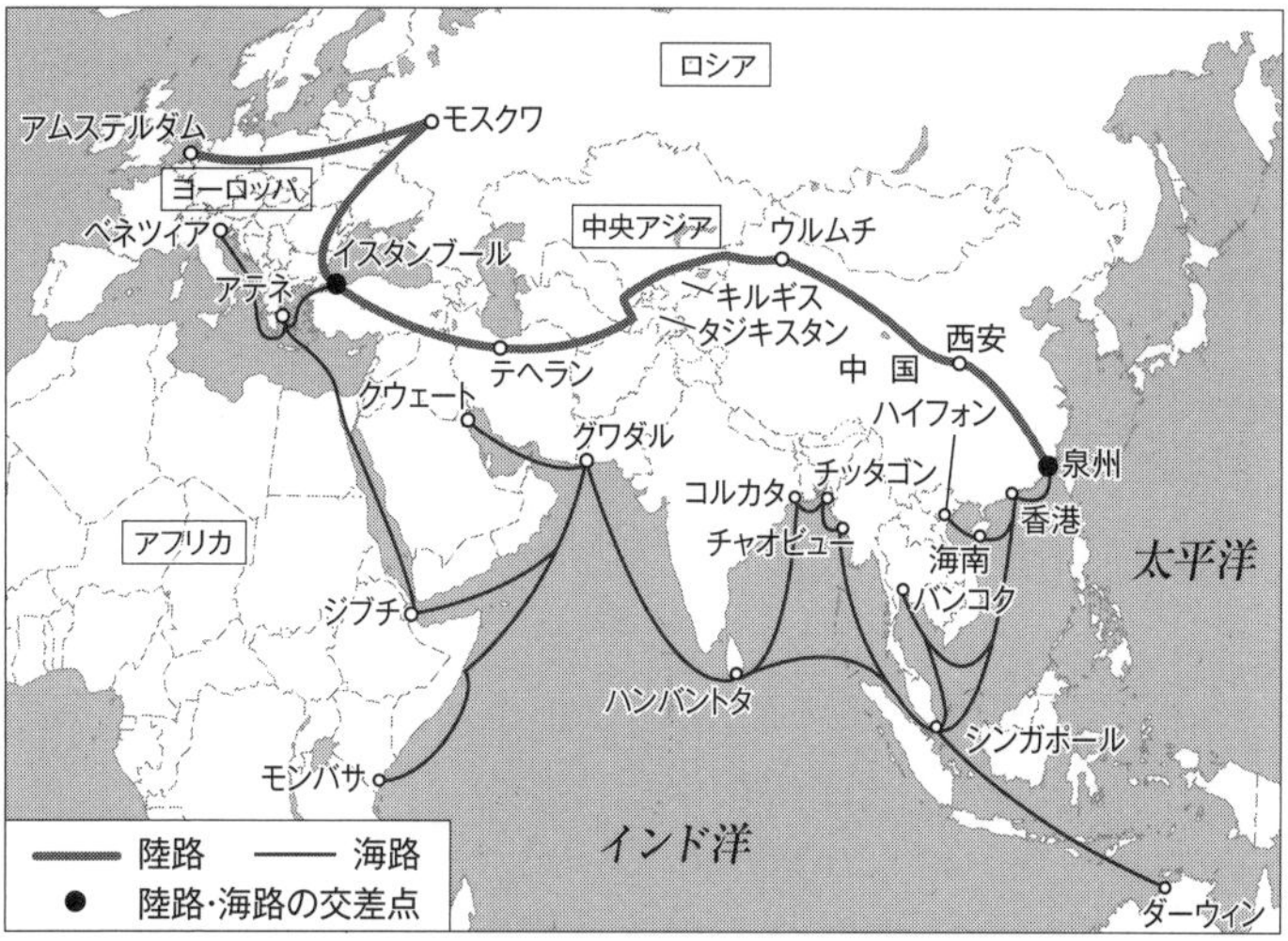

地図⑥―習近平が提唱する一帯一路構想（新華社通信など複数の資料をもとに編集部で作成）

は中国から東南アジア、南アジア、アフリカのケニア、スエズ運河を経由してヨーロッパまでつなげます（p111地図⑥）。

この構想の大もとにあるのは、習近平国家主席の「明《ミン》の栄光よ、再び」という思いなのです。明（1368〜1644年）は漢民族の王朝で、現在の中国人の90％以上は漢民族です。明の次の清《シン》（1636〜1912年）は北方の満州民族の王朝なのです。漢民族が築いた明は偉大な帝国だったのに、満州民族の清は異民族の支配を受けるほど弱くなってしまった。清の時代にアヘン戦争でイギリスに負けて香港を取られてしまい、あるいは、日清戦争で日本に負けて台湾を取られてしまった。

習近平にしてみれば、かつて、ここは漢民族による明という大帝国だったのだ。その栄光よ再びという思いが募るわけですね。現在、中国は経済的に発展し、アメリカと肩を並べる世界の大国になりました。今こそ、かつての漢民族の力を世界に示し、栄光を復活させることが自分の使命だと考えているのです。

そして、もうひとつ、明の時代に回帰しようとしていることがあります。それが「南シナ海は中国の領海である」という主張です。この主張のもとになっているのは、15世紀の初頭に、明の鄭和《ていわ》（1371年頃〜1434年頃）という人物が南シナ海からインド洋を通り、中東や東アフリカまで行っていることです。「鄭和が南シナ海を制圧した。それ以来、南シナ海は中国のものだ」と中国は言っているのです。

鄭和は明の永楽帝《えいらくてい》に仕え、永楽帝に命じられて7回の大航海を行ったと伝わっています。鄭和は中国の雲南省《うんなんしょう》で生まれましたが、その家系は代々イスラム教徒だったんだよね。だから、アラビア半島のメッカに行きたいという思いを持っていた。それで、中東へ行ったあと、分隊はアフリカまで行くわけですね。結局、鄭和自身はメッカへ行けなかったのですが、部下をメッカまで送っています。

そして、アフリカのソマリアのあたりで「キリン」と現地で呼ばれていた首の長い動物を捕まえました。中国では、日本のビールの商標になっているような「麒麟《きりん》」は聖人や名君が誕生する吉兆として現れる伝説の動物として知られており、キリンと聞いて、これこそ伝説の麒麟と思ったのかもしれません。キリンを明まで連れて帰り、これに永楽帝が大喜びをしたといいます。

鄭和がアフリカまで到達したことは科学的に証明されています。アフリカ南部のジンバブエで、鄭和が中国から運んできたと思われるさまざまなものが出土しています。それで、中国とアフリカには交易のルートがあったと裏付けられたのです。

さあ、ここからが肝心なところで、鄭和の7回の大航海のうち、最初の航海に出発したのは1405年。60隻以上の船団を率いて1407年にインドに到着したという記録が残っています。これは、ヨーロッパによる「大航海時代」より、80年以上前になります。そして、この時に鄭和が南シナ海を制圧したから南シナ海は中国の海だ、と中国は主張しているのです。

中国は南シナ海において岩礁（＝暗礁）を次々と埋め立てて島だと主張し、軍事基地を造っています。島であれば、海岸から12海里（約22キロメートル）まで領海となるわけですが、中国が埋め立てているのは島ではありません。正確に言うと、水面下にあるサンゴ礁や岩礁をコンクリートで固めているのです。南シナ海の領有権をめぐっては、台湾、ベトナム、フィリピン、マレーシア、ブルネイが中国に異を唱えて争っています。

東南アジア諸国と争ってまで南シナ海の人工島に軍事基地を造るのは、台湾への牽制です。中国は台湾を中国の一部と考えており、台湾を手に入れてこそ大中華が完成すると思っています。もし台湾が独立の動きを見せれば、「反国家分裂法」に従って攻めていくぞ、という圧力をかけているのですね。「反国家分裂法」とは、国家を分裂しようとする場合は、非平和的な手段、つまり軍事的手段を使っても阻止するという中国の法律です。

一帯一路には、陸のシルクロードと海のシルクロードの通る地域を発展させ、中国の影響力を高めようという狙いがあります。その一方で、海のシルクロードが通る南シナ海を中国の海にして、台湾に圧力をかけ続けることも進めているのです。

人民元《じんみんげん》の経済圏が広がっている

「一帯一路」の陸のシルクロードを見ると、中央アジアのカザフスタン、キルギス、タジキスタン、ウズベキスタンを通っていますよね（p111地図⑥）。これらの国は一帯一路の参加国で、もともとソ連の一部だったところです。ソ連の時代には、ロシアとともに15の共和国でソビエト社会主義共和国連邦（ソ連）という国家をつくっていた。そのソ連が解体したあと、カザフ共和国はカザフスタンに、ウズベク共和国はウズベキスタンに、そして、タジク共和国はタジキスタンになっていきました。キルギスもかつてはキルギスタンという国名でした。「スタン」というのは、「何々の土地」や「何々の国」という意味ですね。ウズベキスタンというのは、ウズベク人の土地、ウズベク人の国というわけです。

これらの「スタン」が付く中央アジアの国々に、今、中国が大変な影響力を持っているのです。中でも要となるのがカザフスタンで、そもそも、習近平国家出席が2013年にカザフスタンで初めて「シルクロード経済ベルト」を打ち出し、そこから「一帯一路」構想へ発展したという経緯があります。カザフスタンは石油や天然ガスなどの資源が豊富な国で、中国にとって重要な資源の供給国です。カザフスタンにもロシア以外の大国と貿易関係を築くメリットがあります。また、中国とヨーロッパを結ぶ定期貨物列車「中欧班《ちゅうおうはん》列《れつ》」の大半がカザフスタンを通っていて、一帯一路にも積極的に参加しています。

以前、カザフスタンに行った時、カザフスタンで中国の人民元が使えるんじゃないかと思ってやってみたら、本当に人民元が使えましたね。カザフスタンも独自の通貨を持っているのですが、中国の人民元が使えました。カザフスタンは中国からさまざまなものを輸入していて、人民元で支払いをするわけだよね。カザフスタンが、人民元経済圏になりつつあるということです。

輸出入取引や為替取引に使われる世界の基軸通貨といえば米ドルだよね。世界中どこに行ってもドルが使えるようになっているでしょう。アメリカがなぜあれだけ強い力を持っているかというと、ドルの力が圧倒的に強いからです。世界の石油の売買には、現在、ドルが使われています。米ドルが石油の取引に使われることを「ペトロダラー」といいますけどね。だから、日本も中東各地から原油を買う際には米ドルで支払いをしているわけです。

しかし、中国の経済力がどんどん発展してきたので、たとえば、中国が人民元でサウジアラビアの石油を買い、サウジアラビアはそこで得た人民元で中国からさまざまなものを買うというかたちで、人民元の経済圏がどんどん広がっているのです。

Q 戦争を仕掛けるなど、国際的な規範に違反した国に「経済制裁」をしますが、どんなことをするのでしょう？

——貿易を制限します。輸出入を減らすか、ものによっては止める。

そうだね。では、貿易を制限するには、具体的に何をしたらいいのだろうか？

——ドルを使えないようにすればいいんじゃないですか。

正解です。今の経済制裁でいちばんは何かというと、ドルを一切使えないようにすることなのです。たとえば、アメリカはイランやロシアに対して経済制裁をしていますよね。イランは何かものを買いたい時には、ドルが必要になる。だから、どこかの国の銀行に「ドルを両替してくれ」と言うわけだよね。その銀行は、ドルを渡してしまうとアメリカとの取引が停止されて、海外の仕事ができなくなってしまうから、イランとの取引を断ります。結果的に、これが経済制裁になるわけです。

ロシアに対する経済制裁も同じことだよね。ロシアがものを買うためにはドルが必要になる。ロシアの企業がドルを手に入れようとしても、世界の国々の銀行は、ロシアと取引したら、アメリカからドルが手に入らなくなるから取引をしなくなります。これで経済制裁が成り立つわけですが、今、中国はロシアから石油を買っています。

――ロシアは国際決済のシステムから排除されているはずですが。

はい、よく知っていますね。ロシアはウクライナ侵攻によって、国際的な金融取引を支えているSWIFT《スイフト》（国際銀行間通信協会）から排除されました。SWIFTというのは、海外送金する時に世界中で利用されている情報ネットワークです。銀行間の国際金融取引の内容を迅速に伝える「メッセージ通信サービス」を提供し、国際間の資金移動をスムーズに行えるようにしています。1973年に世界各国の銀行によって設立された民間団体で、現在は200以上の国と地域の金融機関1万1000社以上が参加し、国際決済における事実上の国際標準規格となっているのです。

ところが、2015年に、中国が人民元の国際決済システムであるCIPS《シップス》（人民元国際決済システム）を設立し、人民元建ての投資や貿易決済にCIPSを使うように宣伝しています。CIPSを利用すれば、ロシアは人民元で石油を買うことができます。そして、ロシアもその人民元で中国からものを買うことができる。これでは、西側諸国のロシアに対する経済制裁の効果が薄れてしまいますね。

国際決済におけるドルは、現在も圧倒的に強い立場にいますが、ロシアがウクライナ侵攻でSWIFTを閉め出されてから、CIPSの利用が増えているのも事実です。CIPSを利用する国には一帯一路の参加国や、アメリカが経済制裁の対象にした国が多く含まれていますが、実は日本、韓国、台湾の銀行も参加しているし、ケニアや南アフリカなどアフリカの国の銀行も参加しているのです。外貨においても中国の影響力が増してくると、アメリカの支配力が相対的に失われてしまう。そうしたことが今、起きつつあるということなのです。

ケニアも一帯一路の重要拠点に

海のシルクロードでいうと、スリランカも含まれます。「債務の罠」に陥った、同国のハンバントタ港の話をしましたけど、スリランカでいちばん大きい港はコロンボです。そのコロンボ港の大規模な埋め立てや開発事業も中国が行っています。

そして、コロンボの西には、モルディブという国がありますね。サンゴ礁ばかりでできた美しい島々で日本でも人気があります。このモルディブでインドと中国が影響力を強めようとして、激しく競争しているのです。

コロナ禍のちょっと前に、私はモルディブに取材に行きました。それまでモルディブは親中派の大統領が中国から莫大な援助を得ていろんな施設を造っていたのですが、借りたお金を返せなくなってしまった。それで、親中派の大統領から親インド派の大統領に代わり、インドからの支援で中国からの借金を返そうとしていた。インド軍の駐留も認めました。ところが、2023年の大統領選挙で、また親中派の大統領が誕生した、という状況になっています。親中派の大統領はインド軍の撤退を要求していて、モルディブでインドと中国が激しく争っていることがわかります。

——なぜ、中国とインドが対立しているのですか？

中国がインド洋のあたりで攻勢を強めているのは、インドを包囲するのが狙いなのです。もともとインドと中国は、1962年に中印戦争という戦争をしたことがあって、現在も国境線をめぐって対立をしています。中国は、海のシルクロードが通るインド洋のあちこちに拠点を設けながら、インド包囲網をつくって支配を広げているわけです。

さらに、中国は一帯一路をアフリカまで広げようとして、インド洋を越えてケニアに進出しました。海のシルクロード（一路）の一環として「東アフリカ鉄道ネットワーク」計画を進めているところです。2017年に、ケニアの首都ナイロビと港湾都市モンバサ間の約480キロメートルが開通しました（マダラカエクスプレス p95地図⑤）。現在も延伸工事が続いています。最終的には、ウガンダ、南スーダン、ルワンダ、ブルンジ、タンザニア、コンゴ民主共和国、エチオピアなど東アフリカ周辺の国々まで延伸する壮大な計画になっています。この事業によって、2万6000人以上の雇用、ケニア経済の発展、物流コスト削減に寄与すると見込まれているのです。

「アフリカで存在感を増す中国」という、貿易額の推移を示すグラフ（p122図表⑫上）を見てみましょう。2007年の頃は、アフリカと中国の貿易額は少なかったのですが、10年後の2017年にはずいぶん増えていますね。輸出入ともに2倍近くになっています。輸出の内訳は資源だよね。石油だったり、レアアースだったり、先端技術に必要な資源をアフリカは中国に輸出する。そして、中国からはさまざまな雑貨品、身の回りの生活用品などを輸入しているということです。

そして「あなたの国において中国の経済的・政治的影響はプラスになると思いますか？」（p122図表⑫下）という質問に対し、思うと答えた人の割合が50％以上なのは18か国中13か国で多数を占めています。最低だったチュニジアでも、ほぼ30％の人がプラスになると肯定しています（2019〜20年調査）。アフリカでは、中国の協力で自国の経済発展が促されるとおおむね肯定的に捉えている人が多いことがわかります。

——中国の援助のやり方が「債務の罠」とか「新植民地主義」とか非難されて、最近は互恵性に気を遣うようになったということですが、これまでに現地で摩擦もあったと思います。政治的にも、共産党による独裁体制をアフリカの人たちは本当にいいと思っているのでしょうか？

図表⑫ — **アフリカで存在感を増す中国**

○アフリカの対世界貿易額に占める主要国・地域の割合（2007年と2017年）

｜出典：JETRO

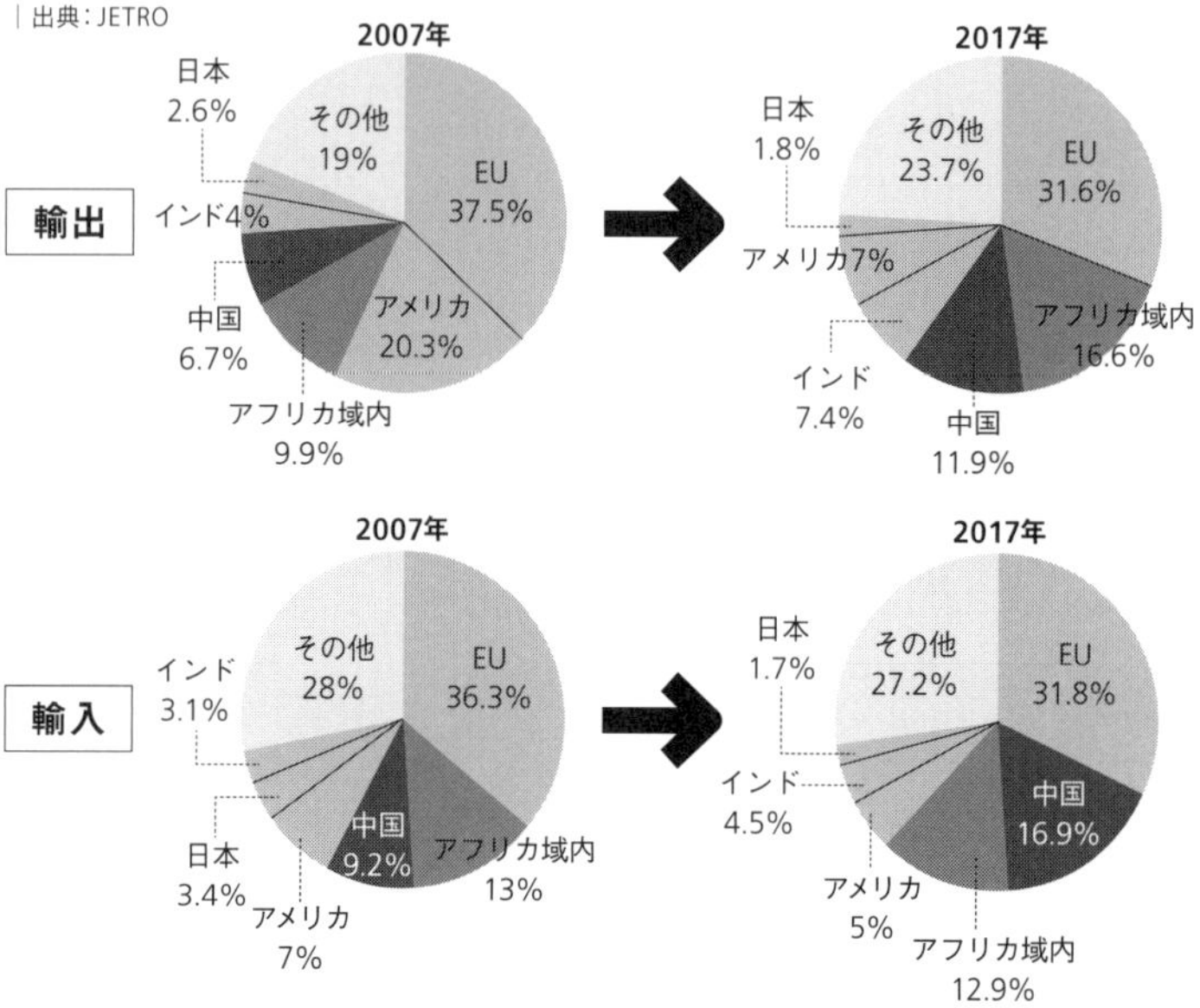

○あなたの国において中国の経済的・政治的影響は
プラスになると思いますか？（思う、やや思うと答えた人の割合）

｜出典：Afrobarometer

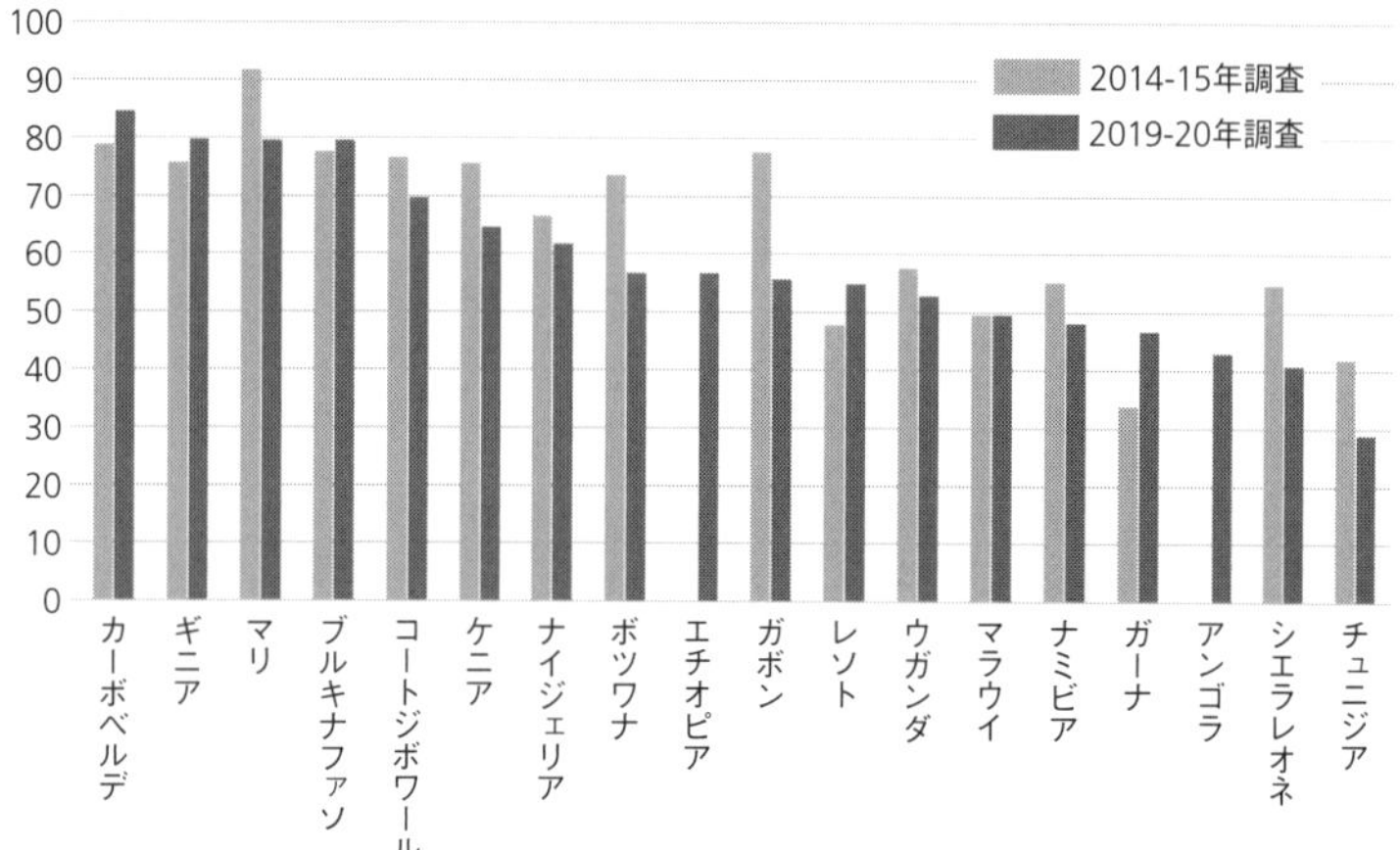

※エチオピアとアンゴラは 2014-15 の記録なし

もちろん摩擦はあったけれども、それよりも中国の大規模な投資のおかげで豊かになるのはいいことだ、と思っている人が多いのです。アフリカには独裁体制の国が多く、「権威主義的な国家であっても成長できる」という中国のやり方のほうが、アメリカやほかの西側諸国の民主主義よりモデルにしやすいともいわれます。

とにかく、中国とアフリカが経済的にしっかり結びついているので、何かあった場合、中国に頼らざるを得ないというアフリカの国々が増えているわけです。そうすると、国連の場でも、中国の言うことを聞く国が増えていくということですね。

一帯一路から離脱したイタリア

――以前、ニュースでイタリアが一帯一路から離脱する方針っていうのを見たんですけど、港湾都市があるイタリアが離脱することになって、何か影響があるのかなと……。

ちゃんとニュースを見ているね。中国にしてみれば、一帯一路でヨーロッパにも拠点をつくりたいわけです。それで、ギリシャを通ってさらにイタリアまで広げていこうとしたのですね。イタリアが一帯一路への参加を表明したのは２０１９年で、インフラ整備での協力や、最大２００億ユーロ相当の融資などが、当時のコンテ首相と習近平国家主席の間で約束されました。ところが、投資はごく一部しか実現しておらず、貿易赤字は逆に拡大してしまいました。

そもそも、西側主要国（G7）の一員であるイタリアが一帯一路に参加したことは、アメリカや西欧諸国から批判を受けていたのです。現在のジョルジャ・メローニ首相は「一帯一路に参加したのは大間違い」と言っていました。結局、一帯一路に入ったものの、中国のメリットばかりで、イタリアにはなんの恩恵もない。中国の影響力拡大も避けたいという理由から、イタリアが離脱したということですね。中国自体も、今、経済が落ち込んでいるでしょう。不動産危機や若者の失業率上昇などを抱えていて、なかなか他国へ影響力を発揮できないような状態になっている、ということもあるのです。

――今まで池上さんが行かれたことがあるアフリカの国の中で、インフラ以外で実感した中国の影響って何かありますか？

はい。中華料理店がいっぱいありました（笑）。

南スーダン（左ページ図表⑬下）が独立する直前に、首都のジュバへ行った時のことを話しましょうか。スーダン（左ページ図表⑬上）は1956年にイギリスから独立したのですが、北部のイスラム教徒と南部のキリスト教徒が対立して、独立以前から2度にわたって長い内戦が起きていたのです。アフリカの内部で行われていたものだから、まったく世界の関

図表⑬—**スーダン共和国、南スーダン共和国 基礎データ**

| 出典：外務省HP、IMFほか

スーダン共和国

首都	ハルツーム
面積	188万平方キロメートル（日本の約5倍）
人口	4281万人（2019年）
民族	アラブ人、ヌビア人、ヌバ人、フール人、ベジャ人など（200以上の部族が混在）
言語	アラビア語（公用語）、英語、その他部族語多数
宗教	イスラム教、キリスト教、伝統宗教
政体	共和制
名目GDP	257億米ドル（世界113位）
通貨	スーダン・ポンド

南スーダン共和国

首都	ジュバ
面積	64万平方キロメートル（日本の約1.7倍）
人口	1501万人（2023年）
民族	ディンカ族、ヌエル族、シルク族、ムルレ族、バリ族ほか多数
言語	英語（公用語）、アラビア語、その他部族語多数
宗教	キリスト教、イスラム教、伝統宗教
政体	共和制
名目GDP	72億米ドル（世界152位）
通貨	南スーダン・ポンド

心が集まらなかった。結果的に、1955～72年まで（第一次スーダン内戦）と、1983～2005年まで（第二次スーダン内戦）、まさに「忘れられた戦争」といわれていました。

それが、一枚の写真をきっかけに、世界に知られることになったのです。「ハゲワシと少女」という有名な写真があるのですが、知っているかな。内戦で飢餓が広がってしまって、小さな少女が立つこともできず地面にへたり込んでいる。その後ろにハゲワシが降り立って、その子が死ぬのを待っているように見える写真です。写真を撮った写真家がピューリッツアー賞という世界的な賞を受賞したのですが、そのあと、なぜこの子を助けなかったのかという激しいバッシングを受けて、自殺してしまうという悲劇がありました。

実は、写真に写っていないところで食料配給があって、母親が食料を取りに行っている間、へたり込んでいた子どもの後ろにハゲワシが降り立ったのを撮ったということだったのです。そんないわくつきの写真ですが、スーダン内戦が世界に知られるきっかけになり、その後、国際社会が動いて、スーダン内戦が収まったのです。

それでジュバへ行ったわけですが、インフラが何もないわけだよね。私はＪＩＣＡの取材で行ったのですが、ＪＩＣＡの人が「サハラリゾートホテル」という名前のホテルの予約を取ってくれたんですね。一泊１００ドルでした。いやあ、そんな内戦が終わったばかりのところでリゾートホテル、そんなところに泊まってもいいのだろうかと思いました。ところが、行ってみたらコンテナホテルでした（笑）。貨物用のコンテナを切り抜いて、窓をつくっただけ。そこに水を外から引いてきたという、それが「サハラリゾートホテル」という似つかわしくない名前だったというわけですね。

そんなホテルしかないのにもかかわらず、すでに中華料理店は2軒ありましたね。だから、とりあえずアフリカのどこへ行っても中華料理店はある。私たちにとっても食べやすい料理を出す店があるということですね。そのぐらいの中国の影響力というか、中国のアフリカにおける力強い存在感を見てしまったということですね。

第4章

イスラム圏の北アフリカ

──「アラブの春」と民主化の挫折

チュニジアから始まった「アラブの春」

北アフリカとは、サハラ砂漠より北の地中海沿いの国々を指します。アフリカ連合（AU）は、モロッコ、アルジェリア、チュニジア（以上、左ページ図表⑭）、リビア、エジプト、モーリタニア（以上、p132図表⑮）、それに日本が未承認の「サハラ・アラブ民主共和国（西サハラ）」を北アフリカに区分しています。これらの国にスーダン（p125図表⑬上）を加えた地域はイスラム教を国教とする王朝に支配された影響で、イスラム教のアラブ民族の国々になっています。そのため、地理的にはアフリカですが、文化的には中東圏に含まれることが多いですね。

また、北アフリカ西部地域をマグリブ（マグレブとも）という呼び方をします。マグリブはアラビア語で「日の没するところ」、つまり西方を意味し、エジプトより西の地中海沿岸の地域を指します。中心になるのは現在のモロッコ、アルジェリア、チュニジア。この3つの国を「マグリブ三国」と呼ぶこともあります。

北アフリカで、近年大きく歴史が動いた出来事といえば、2010年から11年にかけて起きた「アラブの春」と呼ばれる民主化運動です。それまで、アフリカ北部のアラブ世

図表⑭—モロッコ王国、アルジェリア民主人民共和国、チュニジア共和国 基礎データ

出典：外務省HP、IMFほか

モロッコ王国

首都	ラバト
面積	44.6万平方キロメートル（日本の約1.2倍、西サハラ除く）
人口	3746万人（2022年）
民族	アラブ人、ベルベル人
言語	アラビア語（公用語）、ベルベル語（公用語）、フランス語
宗教	イスラム教（国教）スンニ派がほとんど
政体	立憲君主制
名目GDP	1439億米ドル（世界61位）
通貨	モロッコ・ディルハム

アルジェリア民主人民共和国

首都	アルジェ
面積	238万平方キロメートル（アフリカ最大）
人口	4560万人（2023年）
民族	アラブ人、ベルベル人、その他
言語	アラビア語、ベルベル語（ともに国語、公用語）、フランス語
宗教	イスラム教（スンニ派）
政体	共和制
名目GDP	2447億米ドル（世界54位）
通貨	アルジェリアン・ディナール

チュニジア共和国

首都	チュニス
面積	16万3610平方キロメートル（日本の約5分の2）
人口	1246万人（2023年）
民族	アラブ人、その他
言語	アラビア語（公用語）、フランス語
宗教	イスラム教（スンニ派）がほとんど
政体	共和制
名目GDP	512億米ドル（世界90位）
通貨	チュニジア・ディナール

図表⑮ — **リビア国、エジプト・アラブ共和国、モーリタニア・イスラム共和国 基礎データ**

| 出典：外務省HP、IMFほか

リビア国

首都	トリポリ
面積	176万平方キロメートル（日本の約4.6倍）
人口	681万人（2022年）
民族	アラブ人
言語	アラビア語
宗教	イスラム教（スンニ派）
政体	暫定政権
名目GDP	450億米ドル（世界95位）
通貨	リビア・ディナール

エジプト・アラブ共和国

首都	カイロ
面積	約100万平方キロメートル（日本の約2.7倍）
人口	1億1099万人（2022年）
民族	アラブ人（少数のヌビア人、アルメニア人、ギリシャ人など）
言語	アラビア語
宗教	イスラム教、キリスト教（コプト派）
政体	共和制
名目GDP	3939億米ドル（世界39位）
通貨	エジプト・ポンドとピアストル

モーリタニア・イスラム共和国

首都	ヌアクショット
面積	103万平方キロメートル（日本の約2.7倍）
人口	465万人（2020年）
民族	モール人、アフリカ系
言語	アラビア語（公用語、国語）、プラール語、ソニンケ語、ウォロフ語（いずれも国語）フランス語（実務言語）
宗教	イスラム教（国教）
政体	共和制
名目GDP	105億米ドル（世界147位）
通貨	ウギア

界では、絶対王政の君主が治めているか、独裁者が治めているかのどちらかで、選挙で指導者を選ぶという民主主義がまったく存在していませんでした。それなのに、大規模な民主化運動が起きたのはなぜでしょうか？

その理由はふたつあります。ひとつは、アフリカも通信技術の発展の恩恵を受けて、携帯電話が若者を中心に普及し、旧ツイッター（現X）やフェイスブックなどのSNSでコミュニケーションが広がるようになったことです。もうひとつは、カタールに「アルジャジーラ」というアラビア語のニュース専門チャンネルができたこと。このふたつの要因によって、民主化運動が国境を越え、「アラブの春」と呼ばれるほど大きなものになったのです。

きっかけはチュニジアで起きたある事件でした。2010年の暮れ、20代の青年が屋台に野菜を並べて街頭で売ろうとしました。すると警察官が寄ってきて、許可なく街頭で野菜を売ってはいけないとやめさせようとしました。当時のチュニジアは、ものすごく腐敗し、失業や貧困が蔓延していたから、警官は、要するに賄賂が欲しかったのです。だから、そこでお金を握らせていれば、恐らく何の問題もなかったのでしょう。しかし、貧困生活を送っていた青年は警官に抗議したんですね。警察官は怒って、彼を殴り倒して、売りものの野菜を没収しました。納得いかない青年は、取られた商品を取り返そうと役所に訴えますが、全然応対してくれません。絶望した彼は抗議の意味を込めて、役所の前で焼身自殺をしました。

自分の体にガソリンをかけて火をつける前に、彼はこれから自殺することを携帯電話で親類に連絡しました。さあ、大変だと従兄弟《いとこ》が駆けつけます。そして、従兄弟が事件直後の現場の様子を動画撮影して、その日のうちにＳＮＳにアップしたのです。これが拡散され、アラブの人々に大変な衝撃を与えたわけだよね。

というのも、イスラム教では自殺を禁じていて、火葬の習慣もありません。そもそも神様が世界の始まりをつくったのだから、やがて世界の終わりが来る。その時に、人々はすべて神様の前によみがえって呼び出され、生前の行いがよければ天国に、悪ければ地獄に落ちるという考え方なのです。イスラム教の聖典である『クルアーン』の中にも書かれていますね。世界の終わりに最後の審判が下される、という考え方はユダヤ教もキリスト教もイスラム教も同じです。

つまり、人間は死んでも、本当に死んでしまったわけではない。この世の終わりが来て神様による最後の審判が下るまで地下で眠って待つ、というかたちを取る。世界の終わりが来た時に、よみがえって神の審判を受けるためには体が必要です。だから、日本のように火葬はしないわけですね。やがてよみがえって天国に行くための肉体が必要なので、土葬にするのです。

ところが、自分の体に火をつけてしまったわけだよね。自分の肉体がなくなってしまえば、世界の終わりが来ても、天国に行く体を持っていないということになります。焼身自殺をすれば、要するに来世がないことになってしまう。だから、イスラム教において、焼身自殺というのは考えられない出来事になるわけです。

チュニジアの青年の焼身自殺から、同国のベン・アリという独裁的な大統領に対する怒りが一気に燃え上がりました。人々が街に出て、ベン・アリ大統領の打倒を叫ぶという、民主化運動に広がっていったのです。これが「アラブの春」の始まりでした（写真③）。


——なぜ、ひとりの青年の自殺が、大統領への怒

写真③—チュニジア「ジャスミン革命」のデモ（2011年1月）｜画像提供：EPA＝時事

りに結びついたのですか？

自殺した20代の青年は、高校を卒業すらできなかったためずっとまともな仕事に就けず、野菜や果物を街頭で売って家族を養っていたのです。若年層の失業率が25～30％と高く、自殺した青年と同じような境遇の若者たちが街にあふれていました。一方、ベン・アリ政権は23年の長期に及び、一族による不正が横行。低迷する経済と相まって人々の怒りの矛先が大統領に向かったのです。事件からほぼ半月後の２０１１年１月３日、首都チュニスで民衆が大規模な抗議デモを行い、暴動に発展。その結果、ベン・アリ大統領はさっさとサウジアラビアに亡命してしまいました。

そして、この様子が、周りの国々にもＳＮ

写真④―**ホスニー・ムバラク（1928～2020年）**｜画像提供：Alamy/Cynet Photo

エジプトの軍人で政治家、元大統領。エジプト北部のメヌーフィヤに生まれる。陸軍と空軍の士官学校を経て、ソ連に留学。1972年に空軍最高司令官、74年には空軍元帥、翌年、副大統領となる。1981年、サダト大統領暗殺により、第4代エジプト大統領に就任。以来、アラブ諸国との関係改善に努め、アラブ連盟への復帰を果たした。大統領選挙で当選5回、約30年にわたり長期政権を続けてきたが、2011年2月、拡大する反ムバラク運動に耐えきれず退陣を余儀なくされた。

Sで広がると同時に、カタールの衛星放送のニュース専門チャンネルであるアルジャジーラで報道されました。北アフリカ諸国はアラブ圏だから、みんなアラビア語を話します。アルジャジーラはアラビア語の衛星放送なので、国境を越えてもみんなが見て理解することができるわけだよね。

チュニジアのあと、エジプト、リビア、さらに中東のイエメン、シリアに民主化運動が広がっていきました。エジプトでは、ホスニー・ムバラク大統領（右ページ写真④）が約30年間にわたって強権的な独裁政治を行っていましたが、チュニジアで民主化運動が起きると、すぐに大統領の辞任を求めるデモが広がり、わずか3週間足らずで辞任に追い込まれました。

写真⑤―**ムアンマル・カダフィ（1942～2011年）**
｜画像提供：Alamy/Cynet Photo

リビアの軍人、政治家。遊牧民の子として生まれる。士官学校を経て、イギリスで軍事訓練を受ける。1966年に陸軍大尉に昇進。69年、クーデーターで王制を倒し、軍事政権を樹立して27歳の若さで最高司令官に就任した。以後、40年以上も長期独裁政権を維持。日本ではカダフィ大佐と呼称されるが、その過激な言動から「砂漠の狂犬」「中東の暴れん坊」などの異名をとった。2011年2月に始まった反政府活動に屈し、10月、出身地スルトの潜伏先で殺害された。

リビアにおいては、1960年代末に王制を倒し、約40年にわたって独裁者だったカダフィ大佐（p137写真⑤）という、ちょっと変わった最高指導者がいました。リビアには憲法も議会も国家元首も存在しませんでした。独裁者のカダフィは軍人でしたが、リビアの軍隊には大佐という職階はなかったといいます。彼はなぜか「大佐」という肩書を用いて、生涯「カダフィ大佐」で通しました。隣国エジプトでムバラク政権が退陣に追い込まれると、リビアでもカダフィの退陣を求めるデモが広がりましたが、カダフィは強硬な姿勢を崩さず国民を弾圧。それによって、NATO（北大西洋条約機構）の軍事介入を招き、反政府組織と内戦状態になります。結局、政府側が負けてカダフィは殺害されました。

また、北アフリカではありませんが、中東のアラビア半島にあるイエメンでも、30年間続いたサレハ大統領が退陣し、新大統領が誕生しました。イエメンは1990年に北イエメンと南イエメンが合併して成立しましたが、サレハ大統領は北イエメン時代からずっと大統領で独裁体制でした。

この「アラブの春」は中東という地域の枠を越え、民主化への要望を呼び起こしました。その結果、たとえばロシアや中国では国内の民主化運動への警戒心を政府側に強めさせる動きをもたらしたのです。

SNSとアルジャジーラが果たした役割

よく「アラブの春」はSNSによって起きた革命といわれます。それはそのとおりなのですが、みんながスマートフォンを持ってSNSを使っていたかというと、2010年頃の北アフリカでは、ある程度裕福な若者しかスマホを持っていませんでした。多くの人が民主化運動をリアルタイムで知ることができたのは、アルジャジーラのニュース放送があったからです。アルジャジーラは衛星放送だから、パラボラアンテナを空に向けていれば、見ることができます。独裁者が情報統制しようとしても、衛星からの電波を阻止することはできませんからね。

それまで、アラブの国々の国営放送は独裁者の言い分しか伝えていませんでした。客観的なニュース報道が一切なかったのです。ところが、アルジャジーラは客観的なニュース放送をするわけです。どうして、カタールにそんな放送局があるのか。ここで、アルジャジーラについて、少し詳しく説明しましょう。

イギリスの公共放送であるBBC（英国放送協会）は、1990年代に、アラビア語ニュースチャンネルを始めようと計画していたんですね。それで、アラビア語ができる人員を集めていたのです。イギリスは民主主義の国で、ＢＢＣは報道の自由・言論の自由を大切にする放送局だよね。だから、特に欧米の民主主義圏で記者活動をしていたアラビア語ができる人たちを集めて研修していたわけです。

ところが、このニュースチャンネルは、サウジアラビアの衛星テレビとの合弁事業で、サウジアラビア側が資金提供をしていました。サウジアラビアは絶対君主制国家でしょう。いざ放送が始まると、自由な報道なんてとんでもないということになり、途中でスポンサーを降りてしまった。ＢＢＣは予算不足で、そのアラビア語ニュースチャンネルはできなくなってしまいました。ＢＢＣの研修を受けてその放送局で働いていた人たちは当然仕事がなくなるわけだよね。それを知ったカタールのハマド前首長《しゅちょう》（当時は皇太子）が、自分のポケットマネーでアルジャジーラという放送局をつくったのです。ちなみに首長ってイスラム世界の君主の称号のひとつなのですが、首長による統治が行われている国のことを首長国といいます。

カタールというのは天然ガスが大量に出る、ものすごく豊かな国です。国民の医療や教育は無料だし、近年サッカーワールドカップや国際会議などを開催しているから、国名を聞く機会が増えていますよね。だから、首長はものすごくお金を持っているわけ。また、当時カタールはサウジアラビアと国境線をめぐって対立していたので、同国への対抗心があったともいわれています。

余談ですが、アルジャジーラの「アル」というのはアラビア語の定冠詞、英語でいうとtheにあたります。「ジャジーラ」は半島という意味ですね。「半島」という名前の放送局なんですね。「半島」はよくアラビア半島のことだといわれるのですが、実際に私がアルジャジーラに行って、この「ジャジーラ」とはどこのことですかと聞いたら、カタール半島のことですと説明されました。カタールはアラビア半島東部の、ペルシャ湾に向かってちょっと飛び出たところにあるでしょう。この飛び出た小さな半島がカタール半島です。

カタールって、すごく不思議な国なのです。イスラム組織ハマスが2023年10月にイスラエルを攻撃して以来、イスラエルのガザ地区への攻撃が過激化していますね。そのハマスの政治事務所はカタールの首都ドーハにあります。だから、イスラエル側も、あるいはアラブ側も、ハマスの指導者と話をする時はカタールで会うんですね。カタールは、ハマスとイスラエルの両方にコネクションを持つ国なのです。そもそも、カタールには米軍基地があります。当然アメリカとの関係もいいわけで、カタールは、アメリカ、ハマス、イスラエルと対話や交渉ができる、世界でも稀有《けう》な国なのです。

――どうして、カタールにハマスの事務所があるのですか?

ハマスは、1920年代にエジプトで結成されたイスラム原理主義団体「ムスリム同胞団」を母体としています。カタールはムスリム同胞団を支援してきましたし、ハマスとは今世紀になってから関係を持つようになったといわれています。ハマスの政治事務所は、２０１２年頃にカタールの首都ドーハに設置されました。ハマスの指導者で２０２４年７月にイスラエルによって殺害された政治局局長のイスマイル・ハニヤ氏はこの事務所を拠点に活動していました。

また、過激なイスラム主義で知られるタリバンも、ドーハに事務所がありました。日本ではあまり知られていませんが、アメリカなどが、敵対するイスラム勢力と交渉する際には、カタールが窓口になっている場合が多いのです。アメリカにとっても、中東で最大の米軍基地があるカタールにイスラム勢力の窓口があるのは都合がいいわけです。カタールは小国ながら、国際社会で孤立している国や組織とも対話できる国として、世界で評価されています。そして、その国際的な信用が自国の君主体制を安定させることにつながっているわけです。

豊富な資金を背景に、独自の外交を貫く首長がいるカタールだから、アルジャジーラという異色の放送局が生まれた、ということですね。それまで政府の公式見解しか放送されない国営放送のニュースを見ていたアラブの人たちは、突然、欧米流の自由なニュース番組を見て、驚いたわけだよね。「チュニジアで人々が立ち上がったら独裁者を追放することができた。よし、自分の国でも」と奮い立ったのです。

各国で抗議集会やデモを実施する際には、人集めが大変なのですが、イスラム圏ならではの利点がありました。イスラム教においては、金曜日が安息日です。キリスト教では日曜日でしょう。ユダヤ教は金曜日の日没から土曜日の日没までです。イスラム教では一日５回のお祈りをすることになっています。それぞれの家庭でお祈りをすればいいのですが、金曜日の昼は集団礼拝が望ましいとされていて、男の人はみんな巨大なモスクに集まって、そこでお祈りをします。だから、金曜日にモスクでの集団礼拝が終わったあとが、集会やデモを行う絶好の機会になるわけです。

でも、ＳＮＳで連絡を取り合うのは若者たちばかり。ところが、アルジャジーラが、たとえばエジプトなら「金曜日の集団礼拝のあと、カイロのタハリール広場にみんな集まれと呼びかけています」という報道をしたわけです。テレビ放送の影響は非常に大きくて、毎週金曜日に何千人、何万人もが集まります。人々は当局を恐れることなく街頭に出て民主化を訴えました。ＳＮＳとアルジャジーラの放送が、抗議運動の動員に一役買ったのです。結果的に、このふたつが民主化運動を急速に広める要因になりました。

現在、アルジャジーラはアラビア語放送だけでなく、英語放送もやっています。そして、アルジャジーラの記者やカメラマンは、現在もイスラエルとハマスの戦闘の状況を報告するために取材を続けています。イスラエルの空爆によってアルジャジーラのカメラマンが亡くなっていますが、私たちがガザのリアルな様子を動画で見られるのは、アルジャジーラの記者やカメラマンが危険な場所に踏みとどまって、その様子を伝えてきたからなのです。

ところが、ガザの悲惨な様子が世界に伝えられるのを恐れたイスラエルは、２０２４年5月にイスラエル国内でのアルジャジーラの取材活動を禁止してしまいました。アルジャジーラは、この決定を強く非難し、複数の人権団体や報道団体もイスラエル政府を批判しました。

「アラブの春」の結果はどうなったか

チュニジアから始まり、北アフリカから中東のアラブ諸国まで広がった民主化運動を欧米や日本は歓迎し、民主的な政権の樹立と安定を期待しました。北アフリカでは、チュニジア、エジプト、リビアで独裁政権が倒されましたが、その後、どうなったのかを見ていきましょう。

発端となったチュニジアは、独裁者を追放したあと、新憲法の制定や民主的な選挙を行い、新しい政権によって国が運営されることになりました。ほかの国に比べて民主化が着実に進んだといえます。チュニジアは「アラブの春」の唯一の成功例といわれてきました。一連の民主化運動は、チュニジアを代表する花の名前から「ジャスミン革命」ともいわれます。

――なぜ、チュニジアだけが民主化を進めることができたのですか？

　それは、チュニジア国内に穏健なイスラム政党が残ったからなのです。どういうことか？　民主化運動が他国に広がってリビアやシリア、イエメンが内戦状態になると、チュニジアにいたイスラム過激派がそれらの国へ移動したのです。国内には穏健なイスラム政党が残りました。彼らは、イスラム教以外の

写真⑥―**カイス・サイード（1958年～）**

｜画像提供：©Tunisian Presidency/APA Images via ZUMA Press Wire/共同通信イメージズ「ZUMA Press」

チュニジアの法学者、政治家。チュニジア北東部ナビール県出身。憲法の専門家として名声を得た。ジャスミン革命後の派閥間の緊張が最高潮に達した2013年、ジェバリ首相から民主化移行に関する政府への助言者として専門家委員会のメンバーに任命される。その洞察力とカリスマ的な雄弁さで若者をはじめ多くの有権者に支持され、2019年の大統領選で当選。大統領就任後は、大統領権限を大幅に強化する新憲法を発効した。法と秩序を重んじる姿勢などから「清廉な独裁者」と呼ばれる。

政党とも協力して近代的な政治制度の国をつくっていこうと考えていたので、民主化を進めることができたのです。

それでも、やはり民主主義の歴史が浅いために、今また大統領が独裁的になりつつあって、民主主義は2020年代に入ってからは危うい状態になっています。現職のカイス・サイード大統領（p145写真⑥）は、経済不況や新型コロナウイルス感染症対策などで首相と対立を繰り返し、大統領権限を使って議会機能を停止させるなど、強権的な政治を行っています。サイード氏は法学者としての経歴を持ち、「清廉な独裁者」ともいわれているのです。

エジプトでは、ムバラク政権が倒れて、民主的な選挙が行われた結果、ムスリム同胞団による政権が生まれました。それまでのエジプトは、政教分離の国として成り立っていましたが、ムスリム同胞団というイスラム原理主義的な人たちが政権を取ったことによって、次第にイスラム教を信じなければいけないという締め付けが強くなったのですね。それに対する不満が生じ、また軍事クーデターが起きて、現在は軍出身のエルシーシ大統領による独裁的な軍政に戻ってしまいました。

一方、リビアは、大まかに言うとイスラム主義勢力の西部地域と、政教分離の東部地域という、同じアラブ民族でもさまざまな違いのあるふたつの勢力があったのですが、カダフィ独裁政権のもとでひとつにまとまっていたんですね。その独裁者がいなくなったことによって、東部の勢力と西部の勢力による内戦状態になってしまいました。２０２１年に暫定国民統一政府が成立しましたが、東西の分裂状態が続いています（地図⑦）。

さらに、リビアにおける「アラブの春」は、負の連鎖をもたらしました。自らを革命指導者と位置づけたカダフィは、軍事力を重視し、武器を大量に保有していたのですね。アラブの春でカダフィ政権が崩壊した時に、貯蔵されていた武器が流出し、その多くをイスラム過激派のいろんな集団が手に入れたのです。彼らは世界各地に散らばって、現地の政権と戦

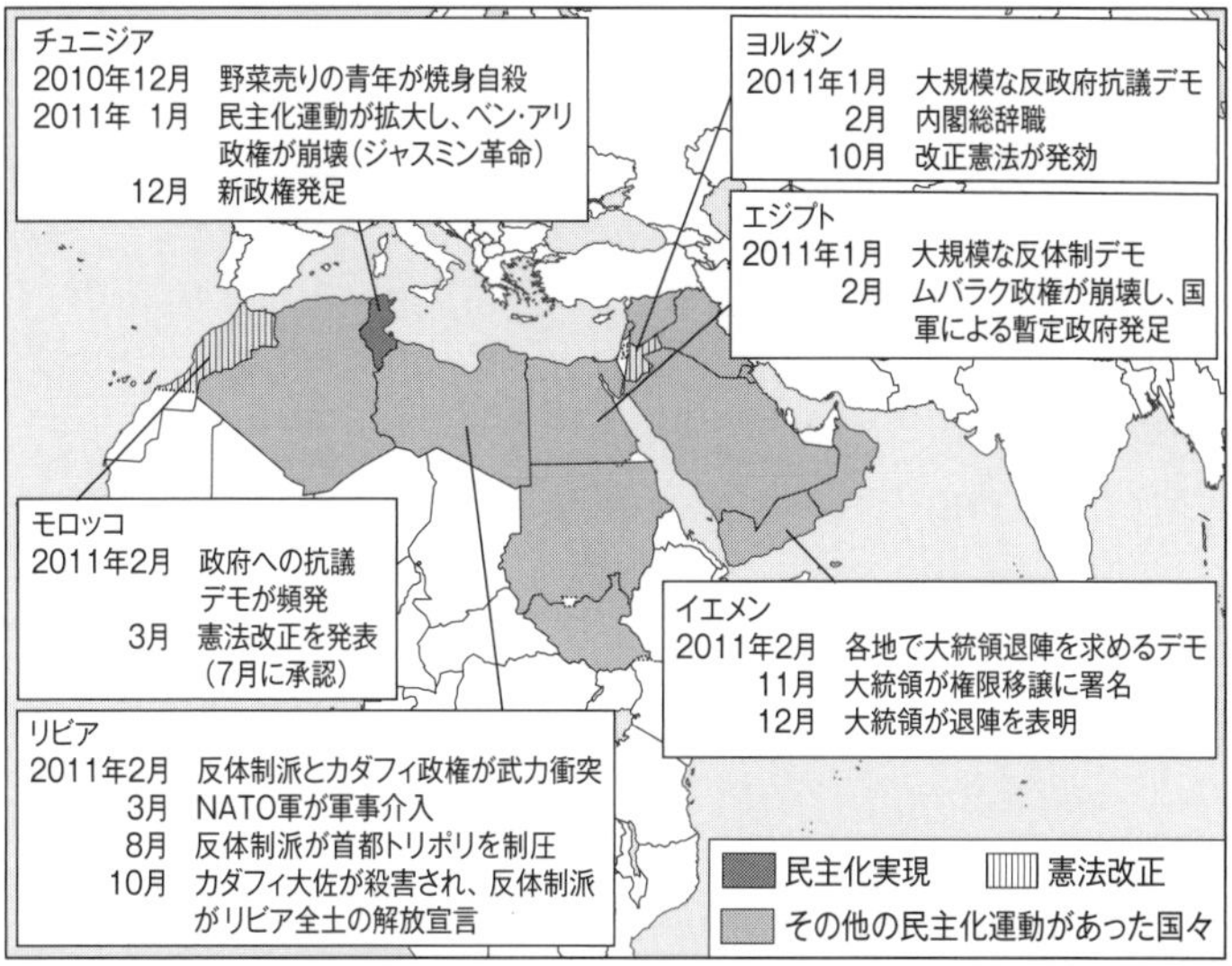
チュニジア
2010年12月　野菜売りの青年が焼身自殺
2011年 1月　民主化運動が拡大し、ベン・アリ政権が崩壊（ジャスミン革命）
12月　新政権発足
ヨルダン
2011年1月　大規模な反政府抗議デモ
2月　内閣総辞職
10月　改正憲法が発効
エジプト
2011年1月　大規模な反体制デモ
2月　ムバラク政権が崩壊し、国軍による暫定政府発足
モロッコ
2011年2月　政府への抗議デモが頻発
3月　憲法改正を発表（7月に承認）
イエメン
2011年2月　各地で大統領退陣を求めるデモ
11月　大統領が権限移譲に署名
12月　大統領が退陣を表明
リビア
2011年2月　反体制派とカダフィ政権が武力衝突
3月　NATO軍が軍事介入
8月　反体制派が首都トリポリを制圧
10月　カダフィ大佐が殺害され、反体制派がリビア全土の解放宣言
民主化実現
憲法改正
その他の民主化運動があった国々
地図⑦―「アラブの春」の各国の状況

図表⑯—**アフリカに介入するワグネル**

| 画像提供：©CST/ROPI via ZUMA Press/ 共同通信イメージズ

ワグネルは2013年頃にロシアで創設された民間軍事会社。創設者のエフゲニー・プリゴジン（写真右）は、飲食産業で成功した実業家。プーチン大統領の盟友で「プーチンの料理人」と呼ばれた。

ワグネルが知名度を上げたのは、2014年のウクライナ侵攻からで、その後、世界各地の紛争地帯に派遣されていく。ワグネルが擁する戦闘員の数は5万人といわれる。

アフリカに進出したのは2017年からで、政情不安な国に武力を提供する見返りに金やダイヤモンドなどの鉱物資源を獲得して活動源とし、さらには鉱山の開発利権なども得ていると見られる。

2022年のウクライナ侵攻においてもワグネルは活動し、大きな戦果をあげたが、翌年5月頃からロシア軍と確執が深刻化していく。3か月後の8月23日、プリゴジンの乗った飛行機が墜落し、プリゴジンほか幹部数人が死亡した。

プーチン大統領はこれまでワグネルとの関わりを否定してきたが、ようやく国家予算でワグネルを全面的に支援してきたことを認め、「ワグネルという〝法人〟は存在しない」などと発言している。ワグネルがアフリカで展開してきた活動も再編成され、今後も引き継がれると見られる。

ワグネルが関わったと見られるアフリカの主な国々

| 出典：Global initiativeなど複数の資料をもとに編集部で構成

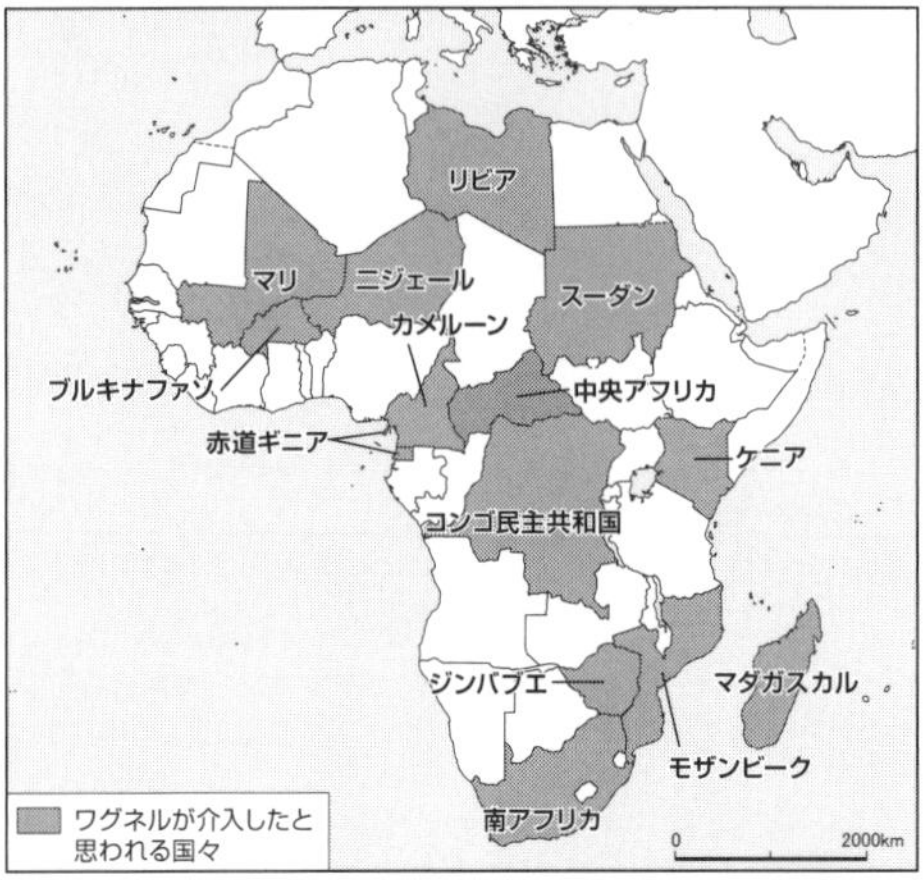

い始めました。たとえば、アフリカ西部のマリでは、イスラム過激派の勢力が拡大し、マリ政府は旧宗主国のフランスに軍隊の派遣を要請します。フランスは軍を派遣しましたが、状況は改善しませんでした。

マリ国民のフランスへの不満が高まります。すると、マリの軍部がクーデターを起こして政権を奪取。権力を掌握した軍事政権は反フランスの立場を鮮明にし、ロシアとの関係を深めていきます。フランスは2022年8月に、マリから部隊を撤退させました。

入れ替わるように、ロシアから派遣されてきたのが民間軍事会社のワグネル（右ページ図表⑯）です。ワグネルの指導者・プリゴジンは死亡しましたが、ワグネルはアフリカでの活動を続けています。マリ軍とワグネルは、国内に潜むイスラム過激派や協力者を捜す過程で、かなり強引で苛烈なやり方をしていることが伝わっています。

〝フランス離れ〟と同時に〝ロシア接近〟といわれるように、マリでは急速にロシア支持に傾き、ほかの西アフリカの仏語圏でもロシアを支持する国が多くなっています。ロシアはSNSや宣伝映画などを使って、親ロシア世論をつくり出しているといわれています。民主主義の日本やアメリカ、西欧諸国とは正反対の見方が、アフリカで広がっている、これもまた現実なのだということですね。

――ロシアの話が出ましたが、アフリカにはロシアや中国に独立闘争を支援してもらった恩義

を感じている国がありますよね。「アラブの春」によって政権が代わると、自分たちの影響力が及ばなくなると危惧したロシアや中国が干渉することはなかったのですか？

それでいうと、シリアがまさにロシアの干渉を受けましたね。アフリカではないのだけど、中東のシリアでも、「アラブの春」の影響で、アサド政権に対する反対運動が起きたわけです。アサド政権と反対勢力というかたちで内戦状態になりました。その時、ロシアはどうしたか？

ロシアは、アサド政権下のシリア支援を通じてロシア軍の海軍基地をつくることができたんですね。世界史に出てくる話になりますが、ロシアは冬でも凍らない港がほしいから、とにかく南に行きたいと思い、伝統的に南下政策を取ってきました。だから、クリミア半島もロシアのものにしてしまったわけです。シリアにロシアの海軍基地をつくったことによって、ロシア海軍は不凍港を手に入れました。でも、アサド政権が倒れてしまったら、その海軍基地が維持できなくなるかもしれない。そう考えたロシアは、アサド政権を全面的に応援するんですね。そのためにワグネルを送り込みました。ここでもワグネルが出てきましたね。ワグネルがアサド政権を支援し、結果としてシリアで多数の人が殺されたわけです。

ロシアやワグネルは、反政府の武装組織だけではなく、一網打尽に空爆で民間人も皆殺しにするというやり方をとったのですね。アサド政権に反対する勢力の中にはＩＳ（Islamic State）、自称イスラム国もいました。ＩＳの大勢の活動家がロシアの空爆によって殺されたのです。その結果、ＩＳはロシアのプーチン政権に対する恨みをずっと持ち続けていたのです。

２０２４年３月に、モスクワ郊外のコンサートホールで少なくとも１３７人が死亡する血なまぐさいテロが起きたでしょう。あれはロシアがシリアでＩＳに対して皆殺し作戦をやったことに対する恨み、復讐から行われたと思われます。一時、ウクライナ政府高官がテロへの関与を認めたとするフェイクニュースが出ましたが、ウクライナは関与を完全否定しました。アメリカ・ホワイトハウスの国家安全保障会議も、ＩＳ単独による犯行だとする声明を発表しましたね。

さすがに中国は、ロシアのような介入はしていません。そこまでのことはしていませんが、独裁政権を維持したほうがいいという場合は、軍事顧問団を送って、軍事訓練をしたり、電話の盗聴や監視カメラのシステムをアフリカの各国に売り込んだりしていますね。

民主主義の国は減っているのか

「アラブの春」の結果を見ると、民主主義の伝統がないと、独裁政権を倒したからといって、すぐ自動的に民主主義の国になるわけではない、ということがわかりますね。

エジプトで、民主化運動によってムバラク政権が倒れた直後、アメリカのオバマ政権で国務長官をしていたヒラリー・クリントンがエジプトに来て、民主化を勝ち取った大学生たちと会談をしました。ヒラリーが民主化運動をした大学生たちに、これからあなたたちが民主主義の国にしていかなければいけないのよと言ったら、学生たちがみんなポカーンとした顔をしていたそうです。つまり、独裁者を倒したら、また誰かが代わってこの国を運営してくれるのではないかと思っていた。自分たちの力で民主主義の社会をつくろうという意識とか意欲がまったく感じられなかったと、ヒラリーは回顧録に書いています。

民主主義を実現していくというのは、本当に難しいことだよね。独裁政権を倒したあとは、自分たちで民主主義の国をつくっていかなければいけないわけですが、そういう歴史と伝統がないと、誰かが代わってまた統治をしてくれると思ってしまう。結局、また独裁に戻ってしまうということですね。

――北アフリカのモロッコとアルジェリアは、「アラブの春」で変化があったのですか?

モロッコは王様のいる立憲君主制の国です。モロッコの国王は、イスラム教を始めた預言者ムハンマドの血筋を引いている人とされていて、国民から敬愛されているのです。モロッコでも「アラブの春」が波及して、民主化を要求する抗議運動が起きましたが、国王が国民の要求を受け入れて素早く対応したので、対立は起きずに収束しました。同じことが中東のヨルダンでも起きましたね。やはり敬愛されている国王がいる王政下では、混乱を招かずに収まっています。モロッコとヨルダンでは、憲法改正が実現しました。

チュニジアの隣国のアルジェリアは、独立運動を戦った民族解放戦線による強権政治が続いているため、2011年と19年に抗議運動が起き、19年のデモを受けて大統領が辞任しました。しかし、民族解放戦線が議会の第一党で、今も強権政治が続いています。

――民主主義についてお聞きしたいのですが、人間の歴史の中で、民主主義ってどちらかというと少数派かなと思うんです。今、日本は民主主義だと思いますけど、今後、民主主義はどういう道を歩んでいくと思われますか?

はい、大事なポイントですね。つまり、私たちは民主主義こそが素晴らしい体制だと教わってきました。でも、世界は、特にここ数年だけど、権威主義的な、独裁的な政権のほうが増えてきていますよね。民主主義の国が次第に減ってきている気がしますし、現実にはその減退傾向は加速しています。先ほどのマリや西アフリカ諸国もそうですよね。

ロシアだって、プーチン大統領の前のエリツィン大統領の時には、混乱はしていましたが、民主主義の社会でした。民主主義に従って選挙を行い、物事を決めるようにしたのですが、大混乱したわけだ。ロシアの人たちにしてみると、この混乱よりは、たとえ独裁的でも力のあるリーダーがいい。そうすれば国がまとまるだろうと考えて、結局、プーチンの支持率が高まるわけだよね。プーチンがなぜあんなに支持されているかというと、その前のエリツィン大統領時代のロシアの大混乱を、多くの人たちが覚えているからです。

結局、大国が国内の不満や社会の分裂を抑え込んでいくには、独裁的な、権威主義的な政権のほうが効率的だという思いがどうしても出てきてしまう。

トルコも同様ですね。オスマン帝国が滅びたあと、トルコ共和国になり、政教分離が行われてイスラム教による宗教的統治から脱しました。民主的な政治体制になっていたのですが、徐々に反西欧・親イスラムの勢力が強くなり、今世紀になってからはイスラム主義政党が単独政権を維持しています。３期目になったエルドアン大統領は、権威主義的な独裁政治を進め、反対派を徹底的に捕まえてしまうことによって、国の統一を図っています。

世界で独裁的な政権が増えていることを考えると、民主主義って大事なものなのですが、混乱を招きかねないわけです。選挙で決めるとなると、そこでさまざまな対立が起きる。

優れた指導者がいれば、選挙なんかやらないほうがいいじゃないという意識も実は出てきていて、今、新型コロナ感染症といった大災禍を経た世界の中でまさに民主主義がどうあるべきなのか問われているのです。即効・即決性を重んじて民主主義が後退すると、急激に独裁に傾くかもしれないのです。

ロシアは、エリツィン政権の時に、民主的なテレビ局や新聞社がいっぱいできました。ところがプーチン政権になった途端、その新聞社が次々に潰されたり、民間のテレビ局がプーチンの言うことを聞く金持ちによって買収されたりして、今のロシアにはプーチン政権に批判的なテレビ局はひとつもありません。批判的な新聞社もひとつもありません。最後の砦として、プーチンの独裁に批判的な記事を書き続けていた新聞社の記者は、次々に殺されてしまいました。その新聞とは2021年にノーベル平和賞を受賞した独立系新聞「ノーバヤ・ガゼータ」（受賞したのは編集長名）です。

私はその新聞社へ取材に行ったことがあります。ロシアのプーチン体制に批判的な報道をしたことによって、次々に殺された記者の顔写真が6枚並んでいましたね。結局、同紙も発行ができなくなってしまい、ヨーロッパに亡命した記者たちが、インターネットでロシアのニュースを報道する状態になっています。

トルコにも、「ザマン」というエルドアン政権に批判的な大手の新聞社が1社だけあったのですが、政府管理下に置かれることになりました。政府管理下になった途端、前の日までエルドアン政権を批判していたのに、翌日には政権寄りの新聞に変わってしまいました。

民主主義をリードする国だと思っているアメリカだって、ずっと民主主義を守れるのかどうか不透明です。トランプ氏は「もし自分が大統領になったら、ワシントンにいる公務員5万人をクビにして、全部自分の言うことを聞く人間にすげ替える」としていますね。1期目の大統領の時に、トランプ氏がやろうとしたことに官僚たちが抵抗したんですね。つまり、能力で選ばれた官僚たちだから、トランプ氏が乱暴なことをしようとすると、それに抵抗していた。だから、トランプ氏は、あの連中が抵抗したことによって、俺はうまくいかなかったんだという恨みを抱いている。今度、大統領になったら、忠誠心がある者だけに入れ替えるという計画を立てていて、予備選挙中から、トランプ氏の周囲が、官僚になりたい人材の募集を始めていました。だから、アメリカだって独裁国家になりかねない、ということなのです。トランプ氏が2期目の大統領になるのかどうか、現時点ではわかりませんが、この本が出る頃には判明していますね。

選挙で政治家を交代させることの大切さ

世界の主要国を見回しても、本当に、民主主義を維持するのがいかに難しいことなのかを実感させられます。民主主義がいいって、私たちは単純に思っていますが、民主主義ってなんだろうか、何がいいのだろうかということを、やっぱり考えたほうがいいと思うわけですね。

たとえば、中東にドバイってあるでしょう。アラブ首長国連邦(UAE)の7つある首長国のひとつ、ドバイ首長国の首都でUAEの中でいちばん大きい都市ですね。ドバイの首長は世襲なのですが、ドバイ首長国の先代の首長が優れた指導者で、それによって砂漠の国だったのが、あっという間に近代国家になったわけだよね。首長が絶対的な力を持っているから選挙はやりません。選挙がないにもかかわらず、指導者がしっかりしていると、急に発展するということが起きるわけだ。一方、優れた指導者じゃない人がトップになると、北朝鮮みたいになってしまうということもあるわけだよね。

結局、そういうふうに考えると、民主主義というのは選挙でとりあえずふさわしいと思う人を選んで、その人に強い権限を与えてさまざまな政策を実行してもらう。しかし、うまくいかなかったら、次の選挙ですげ替えるということ。それができるかどうかが、民主主義なのかそうでないかの大きな違いです。

優秀なドバイの首長だって、このあと、間違ったことをやったとしても選挙で代えることができないわけでしょう。北朝鮮のトップだって、選挙で代えることができません。でも、アメリカの大統領は変なことをやったら、次の選挙で負けてしまいます。別の指導者を選挙で選ぶことができるわけです。だから、選挙によって指導者をすげ替えることができるかどうかが大事だということですね。

民主主義について質問してくれたけれど、これは、すごく大事なポイントなので、まさに今、民主主義ってなんだろうか、ということを真剣に考える時なのだと思います。

――「アラブの春」は民主化運動っていわれていますけど、国民が本当に民主化を求めていたのか疑問に思います。もっと単純というか、独裁者や政治への不満を表に出したら、民主化運動というラベルを付けられた感じがして、フランス革命やアメリカの独立戦争とは、民主化に対する理解の深さとかに少し差があるのではないかと感じたんですけど……。

はい、これもまた実に重要な視点だと思いますね。つまり、民主主義の国から見ると、独裁政権に反対するというだけで「民主化運動」と、つい安易に呼んでしまうわけだよね。独裁政権に反対する＝民主化運動、と短絡的に決めつけてしまっているところがある。まさにあなたの言うとおりだと思います。

独裁政権に反対する人の中には、どんな体制ならいいかという見通しはないけど、今のままは嫌だと言っていた人たちもいたでしょう。あるいは、イスラム法に基づく厳格なイスラム原理主義の国にすべきだという勢力もいたかもしれない。それで、結果的にイスラム原理主義の国になったら、それは民主化といえるのだろうか。特にアラブの国々に特徴的なのは「ウンマ」という思想です。ウンマとは「政教一致の共同体」を意味し、政治と宗教のリーダーが一体化した社会という考えです。政治のリーダーは人々が選挙で選ぶのが民主主義ですから、そこにどうしても齟齬《そご》が生じます。それを解消するのはそう簡単ではありませんね。

欧米や日本などでは、勝手に「民主化運動」とか「アラブの春」とか呼んでいますが、あくまで独裁政権に反対する運動でしかなかった。結果的に、内戦に突入する国が多く、かろうじてうまくいったのはチュニジアだけということになっています。フランス革命と比較すると、国王がいる国なら、国王を倒して共和制にする選択肢もあったわけでしょう。でも、宗教者指導体制や君主制のもとでいいですよ、という結果になった時に、これをフランス革命などと同じ意味の民主化運動と言えるのだろうか、ということにもなってきます。そういう意味で、あなたの視点はすごく鋭いし、重要なポイントだと思います。

グローバルサウスには通用しない「〇〇の春」

Q「アラブの春」のように「〇〇の春」という呼び方には、先例がありますか？

わかります。

——東西冷戦時代に、チェコスロバキアで起きた民主化運動の「プラハの春」です。

正解です。私が高校2年生の時、チェコスロバキアの首都のプラハで民主化運動が起きました。１９６８年のことです。現在はチェコとスロバキアに分かれていますけど、当時はチェコスロバキアというひとつの国で、ソ連の言うことに従わなければいけない東側の社会主義国でした。

１９５６年、ソ連のトップだったフルシチョフが「スターリン批判」をして、もう少しさまざまな自由を与えるべきだという方針を示し、自由化に向かったことがあったのです。影響は東欧にも及び、その年の10月にはハンガリー動乱が起きました。１９６４年にブレジネフが第一書記に就任してからはスターリン批判を封印し、保守路線を取っていましたが、そんな中、チェコスロバキアで民主化運動が起きたんですね。寒い冬から民主化の明るい暖かい春が来る、という意味合いで、「プラハの春」と呼ばれました。

しかし、民主化運動が波及するのを恐れたソ連が東欧諸国とともにプラハに戦車で攻め込んできて、あっという間に「プラハの春」の民主化運動は潰されてしまいました。「アラブの春」は「プラハの春」にならった呼び方なのです。

実は、私の知り合いに、トルコから日本にやってきて、日本の国籍を持っているトルコ系日本人がいるのですが、「アラブの春」というのは、北半球の先進国の言い方だ、と言うのです。「それらの国では、寒い冬が終わって春が来た、ああ、これからいい季節になるという発想だろう。中東では、春とは次に耐えがたい暑さの夏が来る季節っていうことになる。民主化運動をアラブの春って呼ぶこと自体、北半球の先進国の勝手な言い分だ」

図表⑰―**G7、G20、BRICs加盟国とグローバルサウスの国々**

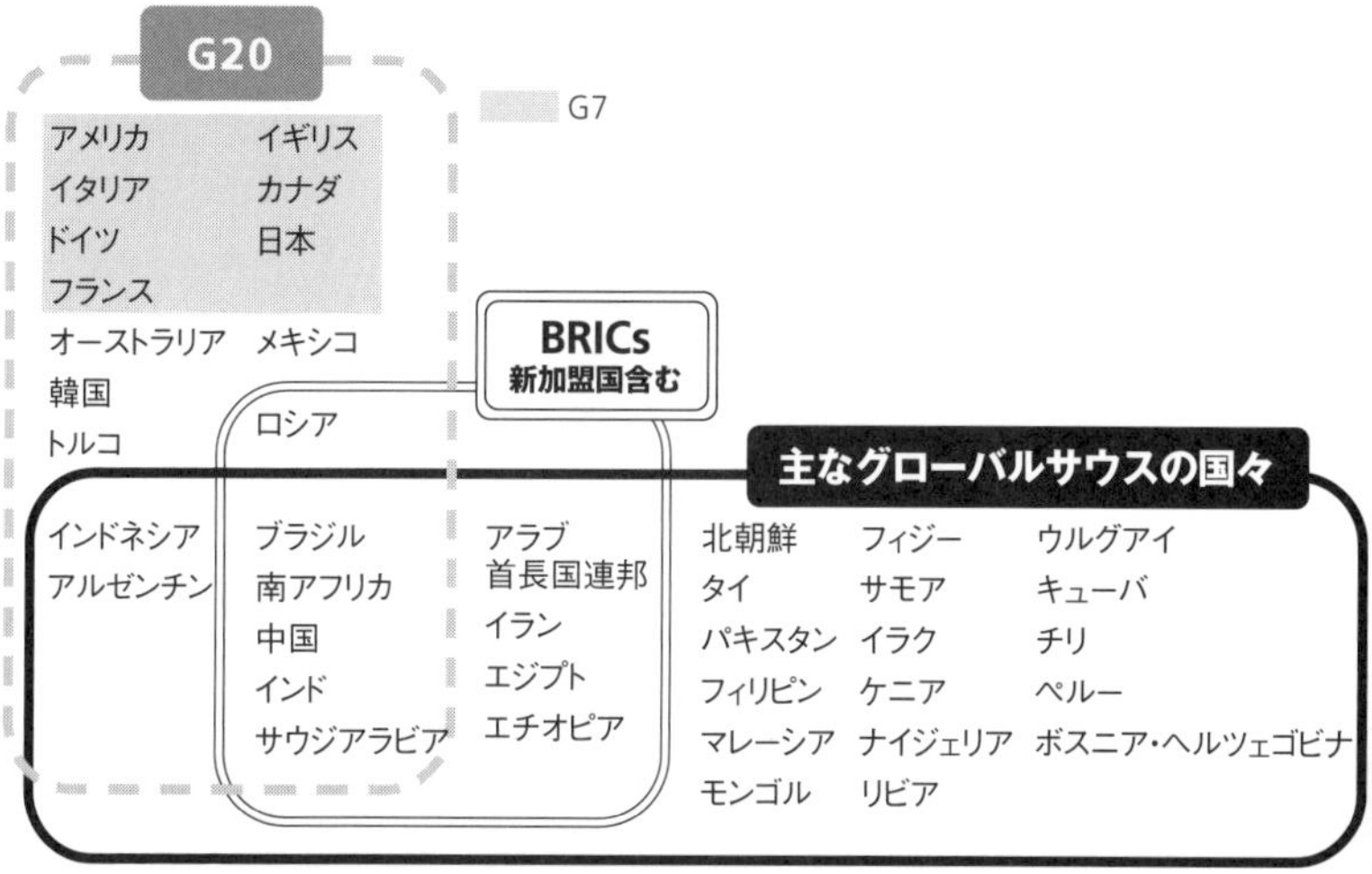

※G20には当初より欧州連合(EU)が参加。のちにアフリカ連合(AU)も加わった。

と言われたんだよね。ああ、そのとおりだなと思いましたね。シリアやリビア、あるいは、エジプトは、今まさにそういう過酷な夏が来ているわけですね。

これまでは、主に北半球の先進国からの視点で考えたり、表現したりしていたことが多かったのですが、南半球に多い発展途上国だった国々が力をつけて、これからはグローバルサウスの時代といわれています。グローバルサウスの国名を挙げてもらえますか？

——**インド、インドネシア、南アフリカやブラジル、アルゼンチンなど主に南半球の新興国。**

はい、ありがとう。それらの国のほかに、アジアではタイ、マレーシア、フィリピン。中東ではサウジアラビア、アラブ首長国連邦、イラン。アフリカならエジプト、ナイジェリア。中南米では、キューバ、チリ、ペルーなどの国々を指しますね（p161図表⑰）。グローバルサウスの台頭で、これからは「〇〇の春」というような北半球の先進国の視点からの呼び方が通用しなくなってくるのかもしれません。

ところで、中国にも「〇〇の春」があったのですが、知っていますか？

——**？？**

とても短い期間のことだから、知らないかもしれませんね。正解は「北京の春」です。毛沢東が死んでからしばらくの間、1978年の秋頃から翌年の春頃までの短期間でしたが、一時的に言論の自由が認められたのです。当時、印刷機は反政府勢力が大量に文書を印刷できないように、全部共産党が管理していました。それで、民主化運動をしていた若者たちは、印刷機を使えないため、壁新聞をつくったのです。

君たちも小学校の時につくったかもしれないけど、模造紙にさまざまなことを書いて壁に貼る新聞です。中国では、北京市西単《せいたん》の通称「民主の壁」に貼りだしたのです。文化大革命が失敗に終わったこと、毛沢東がいかにひどいことをやってきたか、など今の中国では考えられないくらい自由に書かれた新聞が、どんどん貼りだされるわけです。ところが、実力者鄧小平の批判が出た途端、あっという間に壁から新聞が全部取り外されてしまって、また圧政に戻ってしまいました。鄧小平は、華国峰《かこくほう》というライバル政治家の失墜のために壁新聞を利用したが、用済みになったので終わらせたという話があります。この民主化運動のことが「北京の春」と呼ばれたのです。

歴史を振り返ると、何とかの春って呼ばれると、すぐに終わってしまうという気になってしまいます。「アラブの春」と名づけた人は予期していなかったかもしれませんが、いずれこれは終わってしまうという、そんな気持ちにさせるネーミングになってしまったということですね。

実はチュニジアで民主化運動が起きた時に、中国で刺激を受けた若者たちが、もう一度民主化運動をしようとしたのです。こんな話が伝わっています。中国ではSNSは全部当局によって見られています。そこで、動員をかける時の合言葉を決めたわけです。まあ、暗号みたいなものですね。チュニジアを代表する花がジャスミンだったので、「どこそこに集まってジャスミンティーを飲みましょう」というフレーズを合い言葉にして、集まろうとしました。

でも、中国にはアルジャジーラのような放送局がなかったわけですね。国営放送しかないから、民主化運動を一切報じることがありませんでした。だから「ジャスミンティーを飲みましょう」という合い言葉をやりとりしているＳＮＳの若者たちだけがわかっても、大勢に民主化運動の意識が広がらなかったのです。

そして、「どこそこの喫茶店でジャスミンティーを飲みましょう」とやりとりをすると、その喫茶店の前の道路が、道路の清掃と称して１時間くらい前から封鎖されてしまいました。結局、その店には誰も集まれません。中国版のアラブの春は、事前に当局によって潰されてしまった、ということなのです。

第5章

南アフリカと「アパルトヘイト」

——消えない人種差別と経済格差

オランダ人の入植と、子孫のブール人

授業の最初（第1章）で、アフリカにどんなイメージを持っていますかと聞いたら、「アパルトヘイト」と答えた人がいました。アパルトヘイトというのはそれくらい衝撃的な、南アフリカで行われていた法による人種隔離と差別の制度です。アパルトヘイトといえば、黒人差別と思っている人がいるかもしれませんが、白人と黒人ではなく、白人と有色人種の結婚や住まいなどを分ける政策です。もちろん、当時南アフリカの人口の約7割が黒人だったので、黒人を主なターゲットにしていますが、「名誉白人」と呼ばれて白人待遇を受けていた日本人も、本来差別の対象だったわけです。

――**なぜ、そんな差別的制度が、20世紀後半まで40年以上も続いたのか不思議です。**

その疑問はもっともだよね。アパルトヘイトは、南アフリカで１９４８年から９０年代半ばまで続いた制度です。君たちの生まれる前の出来事だけど、撤廃されてから30数年しかたっていません。歴史的に見れば、ほんの少し前まで実際に行われていたことなのです。なぜ、徹底した人種隔離制度が成立し、40年以上も続いたのか？　アパルトヘイトの始まりから撤廃までの歴史をたどってみましょう。

ポルトガルが15世紀にアフリカ探検に乗り出し、大航海時代が始まったことは、第2章で話しましたね。1488年にバルトロメウ・ディアスがアフリカの喜望峰に到達し、98年にはヴァスコ・ダ・ガマがインドのカリカットに達して、香辛料の直接取引ができるようになります。インド航路の開拓に成功したポルトガルは、喜望峰の近くに寄港地を設けましたが、維持することができず、まもなく放棄しました。

次にやって来たのはオランダです。17世紀になるとポルトガル・スペインは衰退し、代わって勢力を伸ばしたのがオランダ・フランス・イギリスでした。1652年に、オランダ東インド会社に雇われたヤン・ファン・リーベック（1619～77年）が約80名を率いて、現在のケープタウンのある地域に入植しました。彼らは、ケープにオランダ東インド会社へ航海する船の補給基地を建設しに来たのです。

『新書アフリカ史 改訂新版』（宮本正興＋松田素二編、講談社現代新書）によれば、ファン・リーベックらの入植から5年後、ダホメー王国（現ベナン）から10数名、ポルトガル領アンゴラから170名の奴隷が輸入されました。その後もオランダ東インド会社はマラッカ（現マレーシア、旧ポルトガル領）、マダガスカル、スリランカ、モザンビーク、ゴールドコースト（現ガーナ）などから奴隷を購入し、入植したオランダ人に割り当てます。奴隷の輸入は、ケープが奴隷制社会になったことを示し、安価な労働力によって会社経営は黒字化しますが、問題も起きます。当初、白人と現地女性との結婚は奨励されていました。また、奴隷が輸入され続けて白人と奴隷が接触し、次第に彼らの子孫が増えていきました。そのため、18世紀初頭に、会社は白人男性と現地女性との結婚を禁止しました。

その後、ケープ植民地には、新天地を求めたフランス人のカルヴァン派新教徒（ユグノー）やドイツ人も入植し、オランダ人を中心にヨーロッパ系の白人人口が増えていきます。白人の中でも、オランダ系白人の子孫は「ブール人」とか「ボーア人」とか呼ばれます。ブール（Boer）はオランダ語で農民という意味で、移民の多くが農民だったことが由来です。ボーアはブールのイギリス式発音です。また、ブール人・ボーア人は、オランダ語でアフリカ生まれを意味する「アフリカーナー」（Afrikaner）とも呼ばれます。入植から長い年月がたつうちに、彼らはオランダ語と英語と現地語（コイサン語）などが混じった「アフリカーンス語」を話すようになりました。なお、最近はオランダ系だけでなく、南アフリカで生まれた白人が「アフリカーナー」を自称するケースが多いといわれています。この本では、オランダ系白人の子孫をブール人と呼ぶことにします。

17世紀後半から18世紀の間に、オランダはイギリスと主にヨーロッパの海を舞台に4回戦争します。2回目、3回目は善戦しましたが、4回目に惨敗して没落し、オランダ東インド会社も破産して解散に追い込まれます。これを好機と見たイギリスは、1795年にケープを奪って植民地とし、その後、約５０００人の移民を送り込みました。一方、もとから住んでいたブール人たちは、イギリスによる支配を嫌って東方へ大移動を行います。

――なぜ、ブール人はイギリスが嫌だったのですか？

産業革命をいち早く終えたイギリスでは都市化と経済格差が進み、貧困に苦しむ労働者の救済が社会問題になっていました。当然ながら、奴隷貿易や奴隷の過酷な労働実態への批判も強まります。イギリスでは奴隷制反対の世論が高まり、１８０７年に奴隷貿易禁止法が制定され、３３年には奴隷制度が廃止されました。

奴隷制度廃止は、本国だけでなく、アフリカやインドの植民地でも適用されます。アフリカのケープ植民地では、ブール人たちが大農園を経営して黒人奴隷を使役していました。ところが、奴隷制度廃止によって働き手の奴隷を手放すことになり、深刻な労働力不足に陥ります。イギリス政府は奴隷所有者に補償金を払いましたが、ブール人たちが満足する金額ではなく、彼らはイギリスへ激しい反感を持つことになりました。

――ほかのヨーロッパの国々が奴隷制度を廃止したのは、もっとあとですよね。イギリスだけが奴隷制をやめても、効果があったのか、反対に混乱はなかったのですか？

イギリスはヨーロッパ諸国に先駆けて奴隷貿易と奴隷制を廃止して、開明的だなんて思うかもしれませんが、それはあくまで自国と自国の植民地での話です。アメリカ南部の綿花や、キューバ・ブラジルの砂糖などが黒人奴隷の犠牲のうえで安く大量に買えることを知っていても、買い続けていたわけです。ちなみに、アメリカで正式に奴隷制度が廃止されたのは１８６５年、ブラジルに至っては１８８８年です。当時から、こうした国の産品を輸入するイギリスへの批判はありましたが、他国の奴隷制度は意図的に無視していたのです。

まあ、そんな実態もありながら、イギリスは自由主義的な政策を打ち出していたわけですが、ブール人たちはイギリスの支配から逃れたい。その思いが強くなって、とうとう１８３０年代後半から４０年代初頭の間に、小集団に分かれて東へ向かいました。新天地でブール人の国をつくろうとし

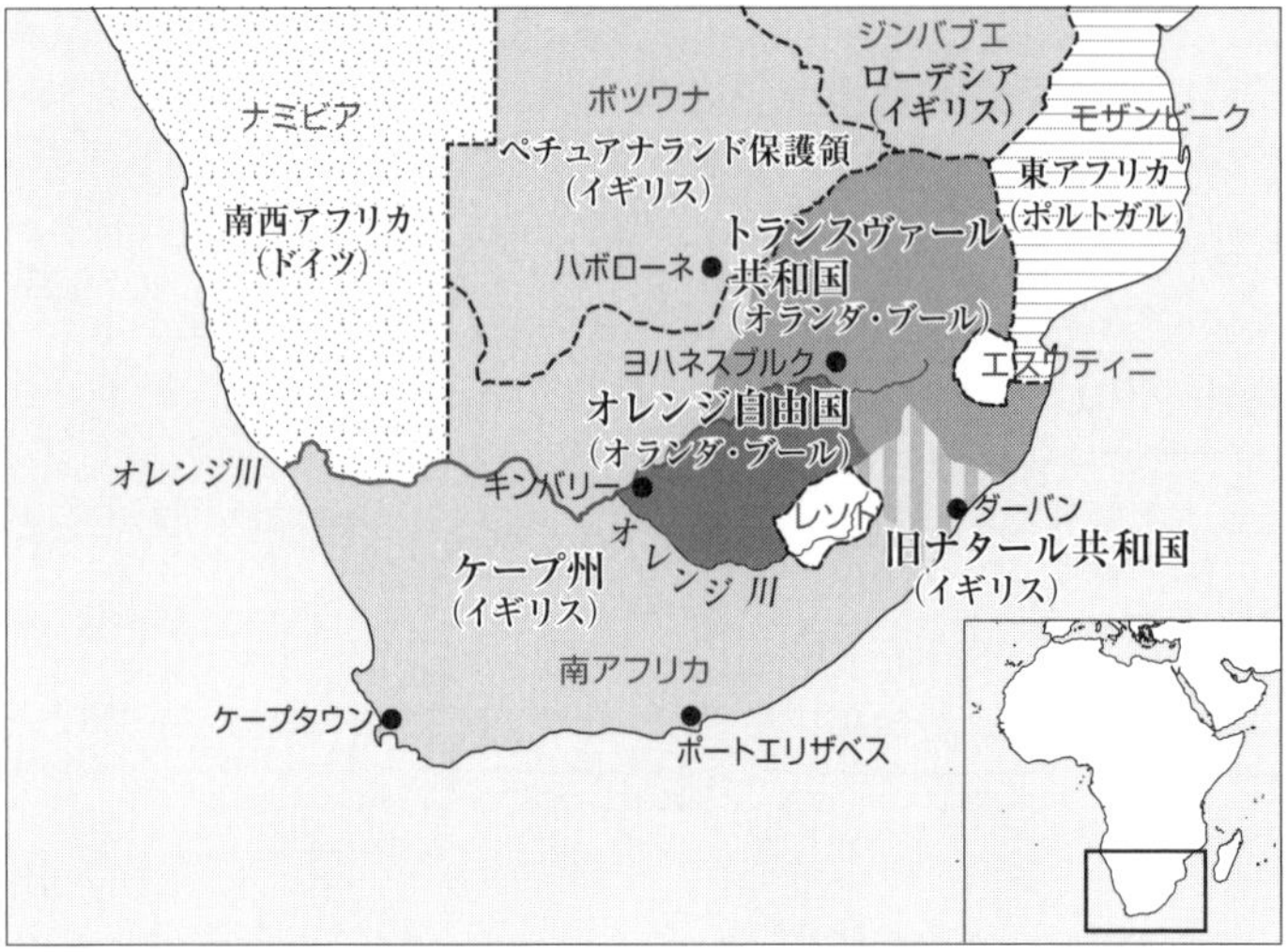

地図⑧—ケープ州、オレンジ自由国、トランスヴァール共和国(1860年頃)

たのです。

アフリカ南部を流れ大西洋にそそぐオレンジ川という大きな川があります。ケープを出て東に向かったブール人たちは、オレンジ川を渡ってアフリカ人国家であるズールー王国が支配していた地域に侵入し、ズールー軍を破り、ナタール共和国を建国しました（1839年）。しかし、イギリスに攻められて植民地化されてしまいます。それでもナタールから逃れたブール人は、その後もイギリスと戦いながら、ふたつの国を建国しました。それが、トランスヴァール共和国（1852年）とオレンジ自由国（1854年）です（右ページ地図⑧）。

ところが、1860年代に、ブール人の運命を変える発見が明らかになります。オレンジ自由国でダイヤモンド鉱山が見つかり、さらに、1880年代にトランスヴァールで金鉱が発見されたのです。ダイヤモンドと金を獲得したいイギリスは、両国を併合するために戦い（南アフリカ戦争、ブール戦争とも）、激しい抵抗にあいながら1902年に勝利し、両国を直轄植民地にしました。

アパルトヘイトの始まり

南アフリカの征服戦争に勝利したイギリスは、１９１０年に、トランスヴァール共和国、オレンジ自由国、ケープ植民地、旧ナタール共和国を４つの州にして統合し「南アフリカ連邦」を発足させ、イギリスの自治領にしました。イギリス本国は、白人主体の植民地には自治権を認めていたのです。

――その白人には、奴隷解放に反対だったブール人も含まれますか？

ブール人がつくった共和国が南アフリカ連邦の州に組み込まれたので、ブール人もイギリス国王を元首とするイギリス自治領の一員となり、イギリス人などと同じ白人支配者になったわけです。ケープタウンにはイギリス人やほかのヨーロッパ人もいました。イギリス人とブール人は、政治・経済の主導権争いをしましたが、同じ白人の支配者であり、現地アフリカ人を差別する社会が自分たちの利益になるので、一応、対立は収まりました。初代首相になったのはブール人で、トランスヴァール州の政治的実権を握っていた人物です。人口の７割を占めていた黒人には悪夢でしかありません。

１９１１年には、早くも最初の人種差別法といわれる「鉱山労働法」が施行されました。

この法律は、鉱山での白人と黒人の賃金格差を合法化した法律といわれています。金やダイヤモンドの鉱山で働く白人と黒人の職種区分と人数比を全国で統一する法律なのですが、なぜ差別になるのか？　金やダイヤモンドの鉱山で働くと、鉱物の希少さゆえに、ほかの鉱山労働に比べて賃金は高めです。南アフリカの人口の7割が黒人です。これらの鉱山で働けば豊かになりそうです。しかし、圧倒的に黒人が多いのに、白人との人数比の統一が行われ、賃金の高い熟練労働者を白人に限ったために、黒人の就業チャンスが極端に少なくなってしまう、ということなのです。鉱山景気で流れ込んできた白人労働者を保護するために考えられた人種差別法です。

また、「原住民土地法」（1913年）でアフリカ人の指定居住地は全土の7・3％と定めました。人口の約7割を占める黒人から土地を取り上げ、狭い居住区に強制移住させたのです。もともと南アフリカに住んでいた黒人の大半は農業や牧畜を営んでいました。その土地を白人に取り上げられてしまい、アフリカ人男性は鉱山、工場、清掃作業員などの仕事に就くことになりました。鉱山や工場の経営者は白人です。「原住民土地法」は、白人のために働く労働力を確保するための法律だったといえるでしょう。そしてまた「産業調停法」（1926年）によって有色人労働者のストライキ権などの諸権利が取り上げられました。加えて、異人種間の性交渉を禁じる「背徳法」（1927年）も施行されました。

図表⑱―アパルトヘイト関連年表

南アフリカは17世紀半ばからオランダ、19世紀前半からはイギリスの植民地となったことで多くの白人がこの地に入植した。豊富な鉱物資源をめぐり、オランダ系(ブール人)とイギリス系との間で対立が激化し、南アフリカ戦争(ブール戦争1899年)へと発展するなど、白人に翻弄される時代が続いた。

1910	イギリス自治領「南アフリカ連邦」成立(31年、英連邦の一員となる)
1911	「鉱山労働法」により、人種によって職業や賃金を差別し、熟練労働を白人のみに制限
1912	黒人解放運動組織「南アフリカ先住民民族会議」発足(23年に「アフリカ民族会議〈ANC〉」に名称変更)
1913	「原住民土地法」により、アフリカ人の居住地を制定し、居住地以外での原住民の土地取得や保有、賃貸を禁止
1926	「産業調停法」により、労使間の調停機構を設立したが、有色人労働者の諸権利は取り上げられる
1948	国民党政権が誕生しアパルトヘイト政策確立。以後、さまざまな法令が制定されていく **・主なアパルトヘイト関連法** 「雑婚禁止法」(1949年)、「集団地域法」(1950年) 「人口登録法」(1950年)、「投票者分離代表法」(1951年) 「パス法」(1952年)、「隔離施設留保法」(1953年) 「バンツー教育法」(1953年)
1955	アフリカ民族会議、「自由憲章」を採択
1960	ヨハネスブルク郊外でアパルトヘイト抗議運動に集まったアフリカ人に警察が一斉発砲し69人が死亡、180人以上が負傷する「シャープビルの虐殺事件」起こる
1961	イギリス連邦を離脱。「南アフリカ共和国」成立
1964	ネルソン・マンデラ、国家反逆罪で終身刑となる 国連総会で南アフリカ制裁決議採択
1976	黒人居住区のソウェトで学生ら1万人が警官と衝突(ソウェト蜂起)
1984	人種別三院制議会発足
1990	ネルソン・マンデラ、27年ぶりに釈放
1991	アパルトヘイト政策廃止
1994	初の全人種参加総選挙実施。マンデラ政権発足。アパルトヘイト完全撤廃
1995	初の全人種参加の地方選挙実施
1997	新憲法施行

アパルトヘイトという言葉が使われるようになるのは、第二次世界大戦後のことですが、その原型は、南アフリカ連邦という自治領が成立した1910年頃から始まっていたことがわかりますね（右ページ図表⑱）。

徹底的な隔離制度の中身

Q「アパルトヘイト」という言葉の意味を知っていますか？

──「隔離」という意味だと思うのですが……。

正解です。アパルトヘイトは、アフリカーンス語で「隔離・分離」を意味します。第二次世界大戦後、南アフリカで1948年に行われた総選挙では、ブール人が設立した国民党が勝利しました。アパルトヘイトという言葉は、この政権によって公式に使われるようになり、南アフリカは自他ともに認める人種隔離国家になったのです。

──選挙なら黒人が多いから、黒人の代表が選ばれるんじゃないかと思ったのですが、マンデラさんが選ばれるまで、どうしてそんなに時間がかかったのですか？

アパルトヘイトが解消されるまで、有色人種には参政権が与えられず、投票することも立候補することもできなかったからです。白人だけで選挙をしていたんですね。アパルトヘイトが撤廃されて、黒人が参政権を得たら、圧倒的に黒人の数が多いから黒人のマンデラ大統領が誕生した、ということです。

国民党政権発足から1950年代にかけて、白人政党のもとで、アパルトヘイトに関連する法律が次々とつくられていきました。その内容を知ると、差別意識の深さと人種隔離政策の徹底ぶりに驚きます。代表的な法律を挙げておきましょう。

人口登録法　アパルトヘイト時代の南アフリカでは、すべての人が4つの人種に分類され、その分類に従って住民登録をしなければなりませんでした。4つの人種とは、白人(ヨーロッパ系)、カラード(白人と黒人などの間に生まれた子孫)、アフリカ人(ほとんどが黒人)、インド人(アジア系)です。この法律やほかのさまざまな法により、白人以外の人々は、人種の分類によって、どこに住み、どんな仕事をし、どのような教育を受け、誰と結婚できるのか、どのくらい移動の自由があるのか、生きていくうえで大事なことを、本人の希望や能力とはまったく無関係に規定されてしまったのです。

集団地域法　人種別に居住区を指定し、厳格に分離した法律です。都市部の住みやすいところは白人が住んで、都市から遠く離れた居住地にはアフリカ人が住むことになりました。黒人たちは、朝、白人の住む都市部に行って、ビルの掃除や、廃品回収、ゴミの収集など低賃金の仕事をして、夜は必ず黒人居住区に戻らなければいけないという生活を強いられました。

隔離施設留保法　学校や役所・教会・ホテルなどの施設や、列車・バスなどの交通機関、エレベーターや公衆トイレに至るまで、公的な場所の使用が「白人」と「非白人」に分けられました（公道を除く）。当時の海水浴場の写真がありますね（写真⑦）。白人と有色人種はビーチが分かれていたのです。海水浴場なら、標識を立てるだけで済みますが、工場経営者は、新しい工場を建てるたびに人種別・性別にいくつもトイレをつくらなければならなかったという、笑えない話もあります。

パス法　16歳以上のアフリカ人は、どこへ行くにも身分証を携帯することを

写真⑦—ビーチが白人のエリアであることを示す標識。英語（上部）とアフリカーンス語（下部）で書かれている｜画像提供：Bridgeman images／時事通信

義務づけられていました。身分証には氏名、写真、指紋、雇用主の氏名・連絡先などが掲載されていて、身分証を持っていなかったり、内容が当局の管理内容と異なったりする場合、逮捕されることもありました。

バンツー教育法　人種別の教育を定めた法律で、アフリカ人の受けられる教育内容は白人に対するものに比べ、極めて限定的でした。もちろん授業を受ける学校も白人とは別です。

そのほかに、異人種間の結婚を禁止する「**雑婚禁止法**」や、有色人種の参政権を奪う「**投票者分離代表法**」などがありました。黒人が政策に反対したり、解放運動に参加したりすれば、令状なしで逮捕され、白人警官の拷問によって殺される黒人活動家が後を絶たないという状況が長く続いたのです。

アパルトヘイトに関する代表的な法律を紹介しましたが、このような人種隔離に関する法律が300以上つくられたのです。同じ国にいながら、白人と黒人がまったく別々の生活をしているかのように、徹底的に分離したわけですね。

――アパルトヘイトは、意識的な面に偏った政策なんじゃないかなと私は感じているのですが、黒人と白人、白人と有色人種はそもそも違うから分けるのが当たり前、という意識があって、それが制度を追いつかせたように思うのですけど……。

あなたの言うとおりです。白人と有色人種はまったく違うのだから分けるのが当たり前で、差別ではない。白人の多くが、そういう意識を持っていたかもしれません。

実は、アメリカで黒人差別が激しかった19世紀末に、連邦最高裁判所が「黒人を白人から隔離しても差別ではない」という趣旨の判決を出したことがあるのです。当時、南部ルイジアナ州では、白人と黒人の乗る列車や客席を分けることを法律で義務づけていました。ほかの南部の州にも同じような法律があったのです。１８９２年、黒人の客が白人の座席に座っていたので立ち退くように言われました。その黒人客は「州法は差別を禁じた合衆国憲法に反する」と裁判所に訴えたのです。

これに対し、連邦最高裁は「白人と黒人を法的に区別していても、それが両人種間の法的平等を否定しているわけではない」と言い、ルイジアナ州の法律は憲法違反ではないという判決を下しました。この「分離すれども平等である」という判決によって、特に南部の州では学校や交通機関など、さまざまな公的施設で白人用と黒人用を分けるようになりました。人間としては平等だから白人と黒人を区別したとしてもなんら問題はない。この考えが以後半世紀もの間、アメリカの黒人差別の根拠として根強く残ってしまったのです。

南アフリカの白人たちには、もともと「有色人種は白人よりも劣った人種である」という差別意識が潜在的にあったからこそ、まったく別々にしよう、別々にするのが当たり前、と思ったわけだよね。そういう差別意識が、アパルトヘイトを生み、それを継続させたのではないでしょうか。

「名誉白人」だった日本の対応

南アフリカがアパルトヘイトの政治をしていた時、日本は非常に不名誉な立場にいたのです。日本人は有色人種だけど、「名誉白人」という枠に入るわけですね。先進諸国は人種差別国家の南アフリカに対して、さまざまな経済制裁をしました。その中で、日本が南アフリカの貿易相手国として重要度を増したため、経済上の理由から、現地で白人と同等の扱いを受けたのです。南アフリカはダイヤモンドや金などの鉱物資源が豊富ですが、特にプラチナは世界一の産出国です。プラチナは宝飾品のイメージが強いかもしれませんが、自動車の排ガス浄化装置などの触媒や、半導体、高性能の電子製品の生産に欠かせないレアメタル（希少金属）です。東西冷戦時代、日本や西側諸国はレアメタルの輸入を南アフリカに依存していたので、南アフリカを強く非難できない、という事情がありました。

では、同じ東アジアの中国や韓国はどうだったのか。中国がまだ経済発展する前だったので、中国人は有色人種とみなされました。一方、中華民国（以下台湾）の旅券所有者は、名誉白人の待遇を受けました。台湾は１９７０〜８０年代に南アフリカとの貿易が急激に拡大し、国際的孤立状態にあるという共通点もありました。韓国人は、公式に名誉白人になることはありませんでしたが、個人に対しては名誉白人の地位が与えられたようです。
　こうして見ると、日本も含め、本来差別の対象だけど経済活動のうえでは必要だから、名誉白人と認定されていたということですね。世界各国が、なんとしてもこの差別をやめるべきだと制裁をいろいろ実施するわけですけど、日本は制裁に参加しましたが、消極的な態度でした。経済を優先して批判を控えていたのです。日本の人権意識を問われるような状態が長年続いてしまった。そういう歴史があったことを知っておいてください。

——たとえばアメリカもそうですが、黒人差別は世界中いろんなところで起きていると感じています。そもそもどんな経緯があって、黒人差別が生まれたのかなと疑問に思っていて、具体的な理由があれば、教えてほしいです。もし白人のほうが美しいからという、当時の白人社会においての見た目による理由だったら、それはすごく悲しいなと。どんな理由でも悲しいのですが……。

　わかりました。それは、アフリカの黒人たちが、まずは奴隷として、「商品」として売られたというところに、そもそもの原因があるのでしょう。特にヨーロッパがアフリカをどんどん植民地にしていきましたね。ヨーロッパの人たちは、現地の人の言葉がわからない。すると、言葉が通じないだけで、現地の人々を無能だと思ってしまった。

つまり、ヨーロッパ人からすれば、英語が話せないやつがいるのかとか、フランス語が話せないやつがいるのか、じゃあ、こいつは能力がないから話せないのだろうと見下す。ものすごく勝手な意識ですが、私たちがアメリカなどに行って、英語でばっとしゃべられて、とっさに答えられなかったりすると、「こいつ、英語がわからないのか」という顔をされて、下に見られるっていうことが起きるわけだよね。

そして、それが人間扱いされずに、商品として売買されるということにつながったのです。アメリカ、特に南部のプランテーションで大規模農業をするために、黒人は「商品」として輸入されました。アメリカの独立宣言や憲法の中に、神のもとで人間はみんな平等だと書かれているのに、なぜ黒人差別があるかというと、人間の中に黒人は入っていなかった、黒人は商品だった、ということです。

そして、黒人は教育が受けられなかったでしょう。徹底的に差別をされて、文字の読み書きもできませんでした。すると、読み書きができないのは能力がないからだという、そういう偏見が生まれて、また差別が広がっていったのです。

でも、信じられないかもしれませんが、黒人に対する差別意識が比較的少ない国もあるのですよ、南北アメリカ、中央アメリカの中の国ですが、どこかわかりますか？

——??

難しいかな。それはカリブ海にある島国のキューバです。キューバにも黒人がいっぱいいます。社会主義国で、平等な社会を目指す社会主義のイデオロギーがあるため、最初から徹底的に差別意識をなくすという教育をしています。だから、キューバに行くと、白人と黒人が平等な立場で生活をしているように見えます。いわゆる、黒人への差別意識というものが存在していないと感じます。ただし、黒人の側は差別を感じることもあるようで、議論も起きています。

ところで、コロナ禍のあと、ちょうどトランプ氏がコロナウイルスを「チャイナウイルス」と言っていた頃に取材でキューバへ行ったら、キューバの人たちが私たちを見て、中国人だと思ったのだろうね。「コロナ、コロナ」とはやし立てられました。彼らはアジア人を日常的に見たことがないわけだよね。だから、教育によって白人と黒人の差別は少なくなったけど、違う人種に対して差別意識が生まれてしまったのかなと戸惑いました。

あるいは、ブラジルも、宗主国だったポルトガルがかなり寛容な政策を取っていたので、黒人差別意識が少ないと感じます。まったくないわけではありませんが、国によっても違うということですね。そもそも奴隷という商品として入ってきた段階で、社会的に差別構造が組み込まれてしまった国と、それをなんとか解除しようと教育に取り組んだ国によって、差別意識はずいぶん違うと感じます。

ネルソン・マンデラの長い闘い

Q　1960年は、アフリカにとって記念すべき年なのですが、どんな出来事があったでしょう？

――**アフリカ諸国が次々と独立して、「アフリカの年」といわれました。**

　正解です、この年に17か国が独立しましたね。アフリカで次々と黒人国家が誕生するのを見て、南アフリカの白人政府は危機感を覚えます。人種隔離政策を続ける南アフリカは孤立を深め、1961年にイギリス連邦から脱退してしまいます。「南アフリカ共和国」となって、さらにアパルトヘイト政策を強化しました。1959年、南アフリカ政府は「バンツー自治促進法」を制定。黒人は民族別に分類されて辺境地の「バンツースタン」へ閉じ込められたのです。バンツーとは、バンツー語系の言葉を話す400以上の民族の総称で、バンツースタンは黒人居住地域という意味になります。黒人の所有できる土地は、全土のわずか13％にとどまり、農耕にも牧畜にも適さない土地でした。そして名目上、アフリカ人地域を10に分けて自治を許し、将来的には独立させるとしましたが、これが世界中から批判されるとイギリス連邦から脱退したのです。

そういう状況の中で、果敢にずっと戦い続けていたのがネルソン・マンデラ（写真⑧）という黒人の活動家です。マンデラは、1918年に、南アフリカでコーサ族に属するテンブ人の首長の子として生まれました。農村で育ち、大学で法律学を学んで、国内初の黒人による法律事務所を開きます。さらに、1944年に黒人解放運動組織のアフリカ民族会議（ANC）に入党しました。

1960年に、世界中を震撼させる事件が起こります。「シャープビルの虐殺」と呼ばれる白人警官によるアフリカ人群衆への発砲事件（p186写真⑨）です。アフリカ人に身分証明書の携帯を常時義務づける「パス法」に抗議する集会がヨハネスブルク近郊のシャープビルという町で行われました。集まった数

写真⑧—**ネルソン・マンデラ（1918～2013年）**
｜画像提供：TT News Agency/時事通信フォト

南アフリカの黒人解放運動指導者、政治家。南アフリカ、トランスカイ（現東ケープ州東部）のテンブ人の首長の家に生まれる。大学在学中にアフリカ民族会議（ANC）に入党し、反アパルトヘイト運動に参加。以来、常に先頭に立ち、政府への抗議活動を行う。1962年に逮捕され、64年に終身刑を言い渡される。マンデラの釈放を求める声が広がり、90年に釈放。91年、ANC議長に就任、93年、デクラーク大統領とともにノーベル平和賞受賞。94年、全人種による制憲議会選挙でANCが第一党となり、南アフリカ史上初の黒人大統領に就任した。99年、政界引退。

千人の黒人たちに向けて白人警官隊が発砲し、69人が死亡、180人以上が負傷したのです。この事件によって、南アフリカの黒人差別の実態が世界に認識され、国際的な非難が巻き起こりました。しかし、南アフリカの白人政府がその後、アパルトヘイトをさらに強化したのは前述したとおりです。

当初はストライキやデモなどの非暴力運動をしていたアフリカ民族会議も、この事件と政府がアパルトヘイトを強化したことを機に、武装闘争を開始するようになりました。マンデラも武装闘争部隊を結成し、政府の建物や発電所を襲撃しました。マンデラにも、アパルトヘイトに対し、暴力的な抗議行動をしていた時期があったのですね。彼は地下に潜って活動を指揮しました。その後、密出国してアフリカ諸国を旅します。ちょうどアフリカで多くの独立国が誕生した時期で、祖国解放の思いをいっそう強くして帰国したといいます。帰国後、逮捕されると国家転覆をはかっ

写真⑨—「シャープビルの虐殺」の様子。警官の発砲に逃げ惑うアフリカ人｜画像提供：ニューズコム／共同通信イメージズ

た罪で終身刑になり、刑務所に閉じ込められます。収監は27年数か月にも及びました。

マンデラは、刑務所にいる間に、武力を使った抗議行動ではなく非暴力の運動にしなければいけないと考え方を変えるんですね。釈放後は、徹底した非暴力を貫き、支配層だった白人との和解を成し遂げました。マンデラ自身、非常に人格者だったので、刑務所でマンデラを監視していた白人たちもマンデラを尊敬し、ファンになってしまったといいます。看守との交流については、『マンデラの名もなき看守』（２００７年）という実在の白人刑務官の手記をもとにした映画があります。波乱万丈の生涯だったネルソン・マンデラについては、映画や本でさまざまな視点から描かれているので、興味のある人は見たり、読んだりしてみてください。

マンデラが獄中にいた１９７６年、政府は黒人の中等教育の学校で、授業をアフリカーンス語で行うことを強制しようとします。アフリカーンス語は、誰が話す言葉か覚えていますか?

——**オランダ系白人のブール人の言葉です。**

そうですね。黒人たちにしてみれば支配者の言語を授業に導入するのは、受け入れがたいことです。黒人居住区であるソウェトの黒人の学生たちが抗議のデモ行進を行うことになりました。平和的な抗議運動のはずでしたが、１万人の学生に対し、３００人ほどの警官隊が出動しました。すると、学生と警官隊の間で衝突が発生。きっかけは不明ですが、警官が黒人群衆に発砲したことによって660人以上が死亡、約2000人が負傷する大惨事が起きてしまいました。

この事件は「ソウェト蜂起」といわれています。暴動の映像や写真が世界に広まると、南アフリカ政府への批判や抗議行動が西欧でも起こり、南アフリカ国内のリベラルな白人もアパルトヘイト反対に回りました。黒人解放運動の象徴的な存在になったマンデラの釈放を求める声も高まります。経済制裁など世界からのさまざまな圧力も強まりました。こうした圧力が南アフリカをアパルトヘイト廃止へ向かわせます。

決断をしたのは、フレデリック・デクラークという白人の大統領です。1990年に、マンデラを釈放し、翌年にはアパルトヘイト法の基本三法である「人口登録法」「原住民土地法」「集団地域法」を廃止しました。南アフリカでアパルトヘイトが完全になくなったのは1994年のことです。その前年の93年に、マンデラとデクラークのふたりは、ノーベル平和賞を受賞しました。

――アパルトヘイトを廃止したデクラーク大統領は相当なやり手だなと思ったんですけど、デクラーク大統領自身の気持ちとして、経済制裁があったから渋々廃止したのか、それとも、黒人がかわいそうだというマインドで廃止をしたのかが知りたいです。

はい、私も知りたいです（笑）。そこはわからないけれど、これじゃいけないという認識は持たざるを得ないね、世界中を敵に回したわけだから。当時、世界中で人権意識が高まり、アパルトヘイト反対運動が広がっていました。とりわけ、アメリカでは１９５０年代以降、キング牧師の公民権運動などがあり、アパルトヘイトに厳しい目が注がれるようになって、南アフリカに対する経済制裁だけではなく、南アフリカ製品をボイコットしようという活動が生まれ、世界的な包囲網が広がったということがあります。それが前提としてあって、いつまでもこんなことを続けることはできないという認識を、彼もどこかの段階で持ったのだろうと思います。

核兵器をつくって廃棄していた⁉

アパルトヘイトを廃止して、いよいよ南アフリカが変わるという時に、デクラーク大統領が世界を驚かせる証言をしました。南アフリカは密かに核兵器を開発して持っていたけれど、これを廃棄したと発表したのです。まさか南アフリカが核兵器を持っているなんて、誰も気づいていませんでした。さらに、核兵器を廃棄してしまった。それも知らなくて、びっくり仰天ということになったんですね。

核兵器を廃棄したというと、建前としては美しいのですが、本当のところはどうなのか。南アフリカは極端な黒人差別をしていたから、周りの黒人国家からの敵意に囲まれているわけでしょう。だから、自分の国を守るために核兵器が必要だと思って、密かに核兵器をつくった。でも、アパルトヘイトをやめたから、黒人政権になるかもしれない。黒人の大統領が核兵器のボタンを握るのは悪夢だから、その前に核兵器をやめてしまったのではないか。真相はわかりませんけど、南アフリカが密かに核兵器をつくり、それをやめたんだということですね。そこで、アパルトヘイト時代のある謎が解けたのではないかと考えられることがありました。

１９７９年に、アメリカの監視衛星が南アフリカと南極大陸の中ほどに位置するプリンス・エドワード諸島付近で、正体不明の閃光を見たという証言がありました。この閃光は核実験をした光だったと推測されています。そして、南アフリカとイスラエルが合同で核実験をして、核兵器が爆発することを確かめたのではないか、というのが最も有力な説になっているのです。イスラエルは核兵器の有無を公表していませんが、第四次中東戦争（１９７３年）と湾岸戦争（１９９１年）の際に核兵器を積んだ戦闘機を基地に待機させたことが確認されていて、核保有を確実視されています。

核兵器は、広島に落とされたようなウラン型の原爆は、原理的に必ず爆発することがわかっているので、核実験が必要ありません。しかし、長崎に落とされたプルトニウム型の原爆は、本当に爆発するかどうか、試してみなければわからないのです。だから、南アフリカもプルトニウム型なら、核実験をしないはずはない。あの時の閃光が、実は核実験だったのではないかというのが、世界のインテリジェンス機関で定説になっているのです。
だから、デクラーク大統領の発表をものすごくよく解釈すれば、核兵器を持っていたのにやめることができた国があるのだということ、これはひとつの救いにはなるわけです。逆に言えば、世界が気づかないうちに核兵器をこっそりつくることもできるのだという、そういう危険性も知らしめたということですね。

――イスラエルのガザ攻撃を南アフリカがジェノサイド（集団虐殺）だと非難して、イスラエルを国際司法裁判所に提訴しましたよね？　今は仲が悪いのですか？

よくニュースを見ていて、気づいたね。イスラエルと南アフリカが合同で核実験をしていたと思われる1970年代は、アパルトヘイトをやっていた白人政権だったでしょう。当時はイスラエルと仲がよかった。でも、南アフリカは反アパルトヘイトの国に変わったわけだよね。マンデラは、パレスチナ解放機構（PLO）の指導者だったヤーセル・アラファト（1929〜2004年）と親交が深く、同志的友情で結ばれていました。マンデラや彼の後継者たちは、イスラエルがパレスチナ人に科している制限と、アパルトヘイト時代に白人支配者が自分たちにしたことを同じ抑圧と捉えて、パレスチナを支援しているのです。

「虹の国」とラグビーワールドカップ

白人も有色人種も一緒に暮らすことができるようになり、有色人種にも選挙権が与えられ、1994年4月に民主的な全人種による選挙が行われました。選挙をすれば、黒人が圧倒的に多いわけですから、アフリカ民族会議（ACN）が第一党になります。南アフリカの大統領は国民の直接選挙ではなく、議会によって選出されます。マンデラが大統領に選出され、デクラークが副大統領に就任しました。マンデラは白人政治家も閣僚に入れて、人種間の融和に取り組むことにしたのです。

南アフリカ（左ページ図表⑲）の人種構成は、現在、黒人81%、白人7・3%、カラード8・2%、アジア系2・7%です。公用語は、英語をメインに、アフリカーンス語、ズールー語、ソト語など合計11です。性的指向による差別を憲法によって禁止し、同性婚も認めています。

マンデラは大統領就任式で、異なる色が連なって輝く虹のように、異なる肌の色の人種が融和する国づくりという意味で「虹の国」を目指すことを宣言しました。とはいえ、ずっと反目しあってきた白人と黒人の融和は困難です。アパルトヘイト時代に起きた暴行・殺害の犯人捜しをして裁判にかけるという方法もありますが、マンデラ政権はそれでは本当の解決策にならないと考えました。

そこで、設立されたのが「真実和解委員会」でした。以下、『新書アフリカ史　改訂新版』（宮本正興＋松田素二編　講談社現代新書）から引用します。

> 「復讐」を求め、「加害者に懲罰を与える」のではなく、真実を公衆の前で明らかにしたうえで、被害者が加害者に「赦しを与え」、和解していく、という方法であった。〈中略〉実際、二万件近い被害の証言が寄せられ、

図表⑲—**南アフリカ共和国 基礎データ**｜出典：外務省HP、IMFほか

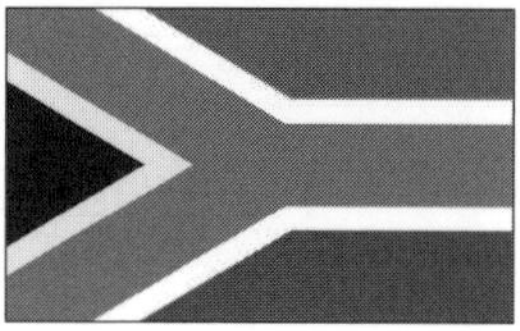

首都	プレトリア
面積	122万平方キロメートル（日本の約3.2倍）
人口	6203万人（2022年）
民族	黒人（81％）、白人（7.3％）、カラード（8.2％）、アジア系（2.7％）
言語	英語、アフリカーンス語、バンツー諸語（ズールー語、ソト語ほか）の合計11が公用語
宗教	キリスト教（人口の約85％）、伝統宗教、ヒンズー教、イスラム教など
政体	共和制
名目GDP	3776億米ドル（世界40位）
通貨	ランド

その多くで加害者は被害者からの「赦し」を得ることができた。

そして、和解の機運を盛り上げたのが、1995年に南アフリカで開催されたラグビーのワールドカップ大会でした。南アフリカはアパルトヘイトによってワールドラグビー主催大会から除名されていたので、この大会が初開催、初出場で、初優勝も果たすことができたのです。それまで、南アフリカでは、ラグビーというのはあくまで白人のスポーツでした。ナショナルチームの「スプリングボクス」は白人選手だけのチームで、アパルトヘイトの象徴的存在でした。当然、黒人には人気がなく、国際大会では相手チームを応援するほどでした。

しかし、この時の代表チームには、ひとりの黒人選手が初めて含まれていました。前評判は高くなかったのですが、勝ち進んで決勝では強豪ニュージーランドの「オールブラックス」と戦って勝利します。決勝戦の会場には、ホスト国の大統領であるマンデラ氏が、アパルトヘイトの象徴だったスプリングボクスの緑のジャージを着て現れ、人々を驚かせました。マンデラ大統領が、スプリングボクスの白人キャプテンに優勝トロフィーを渡す姿は、国民に感動を与え、新生南アフリカを印象づけることになりました。

現在、国際大会に出場するスポーツは一定以上の割合で黒人選手を代表に入れなければならないという政府方針があり、ラグビーも代表チームに黒人選手が含まれるようになっています。日本で開催された2019年のワールドカップでは、スプリングボクスの主将を黒人選手として初めてシヤ・コリシ選手が務め、優勝トロフィーを掲げる快挙を達成しましたね。20歳以下代表や女子代表チームでも、すでに黒人選手が主将を務めているそうです。

白人たちは、黒人が権力を持てば仕返しをされるだろうという不安を抱えていましたが、マンデラという優れた指導者がいたことで、黒人が白人に復讐して暴動が繰り返されるような混乱が起きずに、「虹の国」はスタートを切ることができました。さらに、ラグビーワールドカップ初優勝は、白人と黒人が一緒になって国づくりをしていることを世界にアピールすることになったのです。

広がる経済格差と治安の悪化

しかし、現実はそれほど甘くはありません。アパルトヘイトはなくなりましたが、そもそも、職種や収入などすべてにおいて、白人と黒人でものすごい格差があったわけです。黒人は貧しい黒人居住区に暮らしていましたね（p196写真⑩）。私が「ソウェト」で1泊したことがあると、前の授業（第1章）で話しましたけど、ソウェト（Soweto）は白人政権がヨハネスブルクの南西部に設けた黒人居住区で、South Western Townships＝南西居住区を略した呼び方です。それはそれは貧しいところです。

アパルトヘイトという制度がなくなったので、法的には黒人が居住区で暮らさなくてもいいわけです。でも、白人の居住区は土地代が高いし、家賃だって高い。そんなところに入ることができないから、結局、強制的に住まわされていた黒人居住区に住み続けているのです。

貧しさから抜け出せない最大の問題は教育です。白人はレベルの高い学校できちんとした教育を受けることができましたが、黒人たちは、黒人専用の学校で初歩的な教育しか受けることができませんでした。高等教育を受

写真⑩―南アフリカの黒人居住区。簡素なトタンや廃材を使ってなんとか暮らせる住居がつくられている（ケープタウン近郊）｜画像提供：ANP/時事

げずに、経済活動で成功することは非常に難しいでしょう。

マンデラ大統領も、オランダ人の入植以来、約350年も人種差別が続いてきた南アフリカで、アパルトヘイトを撤廃しただけでは白人と黒人の経済格差はなくならない、と考えていました。虐げられてきた黒人たちに、よりよい生活を与えるために、教育の充実やアファーマティブ・アクション（積極的格差是正措置）を実施することで、白人との格差を縮めようと努めます。

もともとプラチナや金、ダイヤモンドなど鉱物資源の輸出が堅調で、アパルトヘイトを廃止してからは国外からの投資も増えました。しかし、南アフリカ経済は、500万人の白人を対象に成り立っていたわけで、10倍の人数の黒人が職を求めても雇用を増やせるわけではありません。

結果的に、新たに黒人の中間層も生まれましたが、失業率も悪化。貧富の差が著しく拡大しました。アパルトヘイトが撤廃されて、暮らし向きがよくなるだろうと思っていた多くの黒人たちは、仕事に就けず失望します。そして不満を抱えた黒人たちが、次々と犯罪に手を染めていきました。アパルトヘイトの時代に用いられた銃火器などが使用されているのです。そのため、南アフリカは今も治安問題を抱えています。

一方、白人たちは豊かな生活をしていても、国の治安が悪ければ、結局、自分も安全に暮らすことができないわけだよね。それは決して幸せな生活ではない、ということです。アパルトヘイトの撤廃を成し遂げたマンデラですが、経済的には思うような成果を残せませんでした。「虹の国」建設に尽くしたマンデラは１９９９年に引退し、２０１３年に95歳で亡くなりました。

汚職の蔓延と与党の過半数割れ

マンデラ以降、南アフリカでは４人の黒人大統領が誕生しています。残念ながら、中には、さまざまな汚職の話や疑惑が生まれてきている人物がいるのです。ジェイコブ・ズマ大統領（任期２００９〜１８年）の場合、９年間の政権の間に７８３件もの汚職嫌疑がかけられています。それによって、ズマ氏は２期めの任期途中で辞任に追い込まれて収監されました。

ズマ氏の次に大統領に就任したのが、現職のシリル・ラマポーザ氏です（任期２０１８年〜）。マンデラ氏の側近として反アパルトヘイト運動で活躍しました。鉱山労働者の労働組合の責任者を務めたこともある人物で、低所得層が支持基盤です。反汚職を掲げて大統領になったのですが、その本人が汚職疑惑を抱えています。大統領だけではありません。

今の南アフリカでは、政府高官のほとんどが汚職まみれだといわれているのです。

与党のアフリカ民族会議は、1994年のすべての人種が参加する民主的な選挙で勝利して以来、30年間にわたって単独政権を維持してきましたが、経済の低迷、治安の悪化、汚職の蔓延によって国民の支持を失い、2024年5月末に行われた総選挙で初めて過半数を割ってしまいました。今後は白人主導の民主連合（DA）などの少数政党と連立政権を組むことになりましたが、安定的な政権をつくれるかが鍵になります。

非常に長い間の差別が続いてきて、特に黒人たちは、しっかりした教育を受けることができませんでした。虐げられてきた貧しい人たちに、「差別はなくなりました。どうぞ、みなさん、平等ですよ」と言ったからといって、すぐにそうなるわけではないということです。過去のさまざまな負の歴史が現代に影を落としている、それが南アフリカという国なのだということですね。

第6章

日本とアフリカの関係

――「共に成長するパートナー」を目指して

日本が主導するＴ《テ》Ｉ《ィ》Ｃ《カ》Ａ《ッ》Ｄ《ド》とは何か？

20世紀まで、アフリカが歴史に翻弄されてきたことは、これまでの授業で理解できたと思います。冷戦時代（１９４７〜８９年）の後半、アフリカは東西陣営の勢力争いに巻き込まれ、代理戦争の場となりました。たとえば、エチオピアとソマリアの間で起きたオガデン戦争（１９７７〜７８年）の時に、ソ連とキューバがエチオピアを、アメリカがソマリアを支援しました。両陣営は、ヨーロッパやアジアだけではなく、アフリカもそれぞれの勢力圏にしようとして、さまざまな援助合戦を行いました。

しかし冷戦が終わると、アフリカの戦略的な意義が薄れ、先進諸国がアフリカに興味を示さなくなってしまいました。ソ連は崩壊し、世界各国からの援助や支援も減少しました。これもひとつの原因となって、１９９０年代のアフリカは経済が停滞していたのです。

この時に、日本がアフリカの支援に乗り出したのですね。アフリカに寄り添い、国際社会の関心を再び引き寄せることを目的に、１９９３年、第1回アフリカ開発会議（ＴＩＣＡＤ）が開催されました。ＴＩＣＡＤとは、Tokyo International Conference on African Developmentの略で、アフリカの開発について幅広く議論する国際会議です。

日本政府が主導し、国連、国連開発計画（UNDP）、アフリカ連合委員会（AUC）、世界銀行と共同で開催しています。最初のうちは5年に1回、日本に集まっていましたが、2016年からは3年おきに日本とアフリカで交互に開催しています（図表⑳）。日本はアフリカへの国際協力については先進的な役割を果たしてきたのです。

21世紀に入ると、アフリカは著しい経済成長を始めます。2000年代初頭から、新興国（中国、インド、ブラジル、インドネシアなど）の資源・エネルギー需要が増大し、アフリカは資源輸出によって高成長を続けてきました。一部の国で内戦や紛争は続いていますが、アフリカ大陸全体で見ると、政治的安定を実現し、ビジネス環境が改善されました。

図表⑳ — **これまでのTICAD開催概要** | 出典：外務省

	開催期間	開催場所	アフリカ参加国	テーマ・出来事・成果など
TICAD Ⅰ	1993年10月5、6日	東京（日本）	48	「アフリカ開発に関する東京宣言」
TICAD Ⅱ	1998年10月19～21日	東京（日本）	51	テーマ「アフリカの貧困削減と世界経済への統合」
TICAD Ⅲ	2003年9月29日～10月1日	東京（日本）	50	「TICAD10周年宣言」
TICAD Ⅳ	2008年5月28～30日	横浜（日本）	51	テーマ「元気なアフリカを目指して―希望と機会の大陸」
TICAD Ⅴ	2013年6月1～3日	横浜（日本）	51	テーマ「躍動するアフリカと手を携えて」
TICAD Ⅵ	2016年8月27、28日	ナイロビ（ケニア）	53	3年ごとの開催に変更、初のアフリカ開催
TICAD Ⅶ	2019年8月28～30日	横浜（日本）	53	テーマ「アフリカに躍進を！ひと、技術、イノベーションで」
TICAD Ⅷ	2022年8月27、28日	チュニス（チュニジア）	48	経済・社会・平和と安定の会合と野口英世アフリカ賞授賞式

人口14億、平均年齢20代、「最後の巨大市場」といわれるアフリカに、日本政府や企業も注目しています。

世界がアフリカの経済成長に注目するようになると、アフリカと定期的に国際会議を開く国が増えていきました。中国はTICADを参考にして、「中国・アフリカ協力フォーラム（FOCAC）」を2000年から3年おきに開催しています。中国が巨大経済圏構想「一帯一路」の実現に向けて、インフラ建設や巨額の融資をしていることは、第3章で説明しましたね。

ロシアも2019年に「ロシア・アフリカ経済フォーラム」を初めて開き、23年にも首脳会議を開いています。ロシアは特に、武器輸出や軍事支援などで、アフリカへの影響力を強めてきました。ウクライナへの軍事侵攻で欧米との対立が続く中、アフリカ諸国との協力関係が重要さを増しているからです。

――これまでの授業を聞いていて、中国とロシアが圧倒的にアフリカに進出しているように思えるのですが、アメリカは、アフリカを中国やロシアの影響力から引きはがすために、どんな対策をしているんですか？

もちろん、アメリカは、中国やロシアが影響力を強めていることを快く思っていません。ロシアの前身であるソ連時代からそうでした。

ただ、第二次大戦後しばらくはまだイギリスやフランスの植民地が残っていて、「アフリカの開発は植民地の宗主国が行うべきだ」とアメリカは考え、前面に出ませんでした。しかし、1957年にソ連が世界初の人工衛星を打ち上げるとアメリカは衝撃を受けます。社会主義国の工業発展がアフリカ諸国の指導者に魅力的に映ると考えたのです。危機感を持ったアメリカは、60年代初めからアフリカを含む発展途上国に国連を通すなどして多額の援助を行うようになり、現在も欧州諸国と協調して援助を続けています。

日本にはJICAという開発途上国への支援や開発を行う独立行政法人があるでしょう。海外協力隊を派遣して、現地の人々と一緒に課題解決に取り組んでいます。アメリカの場合は、USAID《ユーエスエイド》（アメリカ合衆国国際開発庁）というのがあります。非軍事の海外援助を行う政府組織です。USAとAIDを引っ掛けているわけで、USAIDが食糧支援などでアフリカに相当支援をしています。

アフリカのあちこちの難民キャンプに行くと、USAIDと書かれた荷物や袋などをよく見かけます。アメリカの場合、足がかりがない分、せめて反米テロが起きないようにアメリカの味方をつくろうという、そういう姿勢で外から支援をするというやり方をしていますね。アフリカの中に新たな拠点をつくって何かをするというのではありません。

かといって、中国やロシアが、定期的にアフリカと国際会議を開催しているのに、傍観していわけでもありません。バイデン政権は２０２２年に、首都ワシントンで「米国・アフリカ首脳会議」を開催し、米アフリカ関係を強化する声明を発表しました。また、アフリカ連合（ＡＵ）がＧ20に正式参加することへの支持を表明しています。ＡＵはアフリカ55の国と地域（サハラ・アラブ民主共和国を含む）によって結成された連合体で、ＥＵをモデルにしています。だから、ＥＵと同じように、加盟国で構成するアフリカ議会と中央銀行がありますね。２００２年に結成されましたが、前身は未独立地域の独立支援、旧植民地宗主国の介入などに反対する「アフリカ統一機構（ＯＡＵ　１９６３年設立）」で、さらに高度な政治・経済の統合や紛争の解決を目指して発展改組されました。

中国、ロシア、アメリカのほかに、ＥＵ、韓国、インド、トルコなどもアフリカとの会議を開いていて、先進諸国はビジネスの機会に乗り遅れまいと、アフリカとの関係を深めているのです。

一方で、いまだにテロや内戦のリスクがあるアフリカは、紛争、貧困、飢餓などのイメージがぬぐえません。アフリカには、ふたつの「顔」があるのです。これからダイナミックな成長が期待できるアフリカと貧しくて危険なアフリカという、光と影の両面です。

アフリカには54もの国があるから、中にはまだ「援助」が必要な国もたくさんありますが、経済成長が本格的に始まっている国も多く、彼らは「投資」を求めています。アフリカの経済が成長することとアフリカの治安が安定すること、これは表裏一体で、両方とも達成されるべき目標です。日本政府や日本企業もそのことを理解しています。ＪＩＣＡや日本企業はアフリカの経済成長と安定の鍵を握ると思われる分野で、重要な役割を果たしています。

物流インフラなど3つの課題を解決せよ

アフリカの沿岸国と内陸国では発展の差が大きく、それは「港」の有無が原因だと第1章で話しました。そして港とともに整備が必須なのは「道路」です。巨大なアフリカ大陸には、海に接していない内陸国が16もあります。そもそも、港のない内陸国は、単独でアフリカの外の国と貿易できません。資源を輸出するにも物資を輸入するにも、近くの沿岸国の港を借りるしかないのです。そのためには、内陸国が沿岸国と良好な関係を築き、沿岸国は港を整備し、港湾を発展させることが重要です。

幹線道路をきっちり舗装して、沿岸国の港と内陸国をつなぐ。アフリカの経済発展には、複数の国が手を組んで、物流インフラを一緒に整備することが必要なのです。アフリカでは港を整備して内陸国と道路で結んだ「物流回廊」が次々と整備中で、ＪＩＣＡはそのうち3つに注力しています。ケニアのモンバサから内陸国のウガンダ、ルワンダ、ブルンジを結ぶ「北部回廊」、モザンビークのナカラ港から内陸国のマラウイ、ザンビアを結ぶ「ナカラ回廊」、コートジボワール、ガーナ、トーゴの沿岸諸国と内陸部のブルキナファソを結ぶ「西アフリカ成長リング」です（地図⑨）。

道路を整備することによって、流通コストが劇的に下がる↓内陸部のさまざまなコスト高を下げることができる↓生活費が安くなる↓人件費も安くなる↓雇用が進む↓失業率が低下する、そんな好循環が期待できるわけですね。日本が高度経済成長時代に発展したきっかけはインフラ整備でした。だから、アフリカで、急がなければならないのは道路の整備なのです。

地図⑨ — **日本が協力しているアフリカの物流回廊** ｜出典：JICA

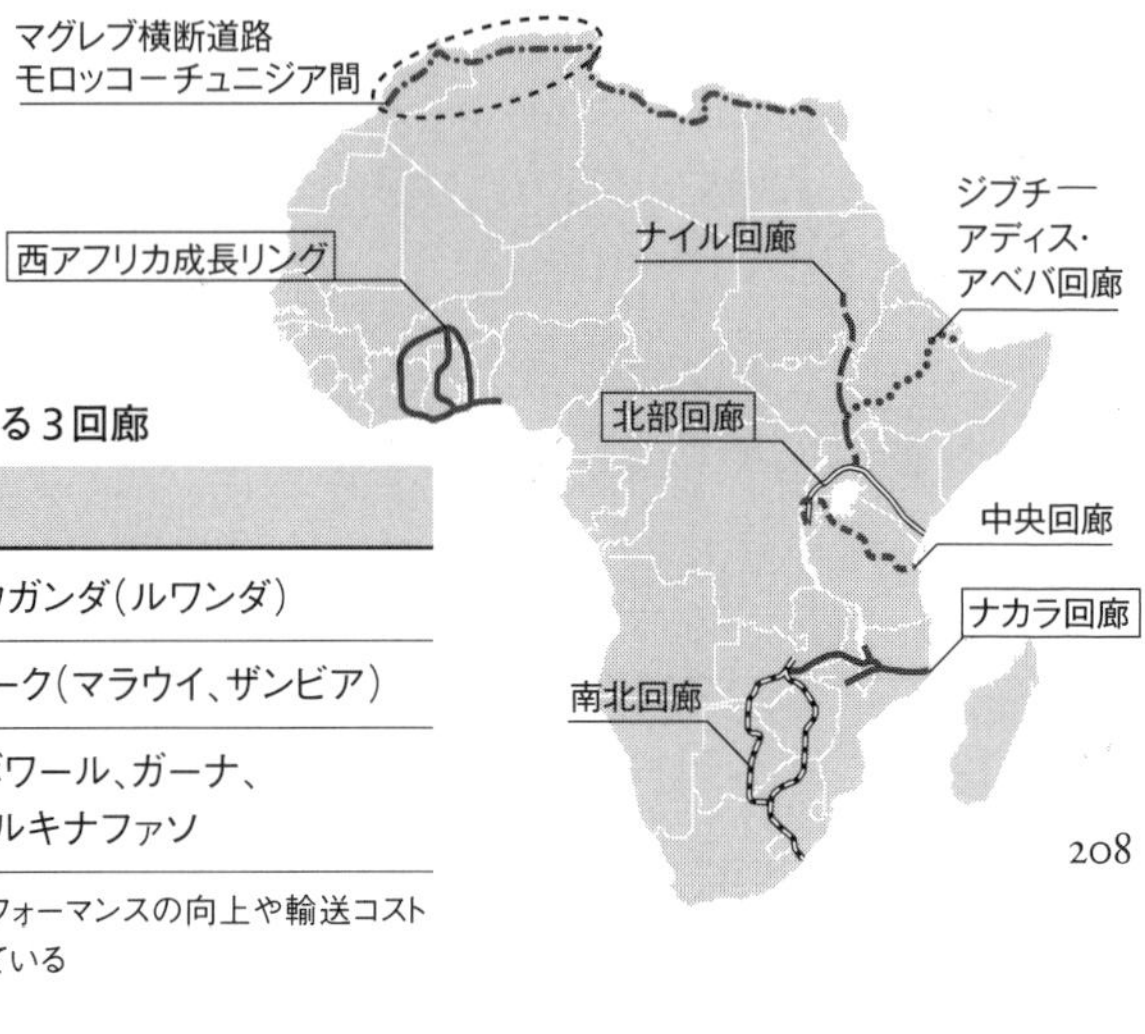

日本が特に注力している3回廊

回廊名	関連国
北部回廊	ケニア、ウガンダ（ルワンダ）
ナカラ回廊	モザンビーク（マラウイ、ザンビア）
西アフリカ成長リング	コートジボワール、ガーナ、トーゴ、ブルキナファソ

いずれの回廊も貨物輸送パフォーマンスの向上や輸送コストの削減などの成果が出始めている

さらに、東アフリカにある大地溝帯が人類誕生に関わっている、という仮説を第2章で取り上げましたよね。長大な大地溝帯を何かに利用できる方法はないだろうか？

——**地熱発電ですか？**

正解です。マグマの動きが活発な大地溝帯は、地熱エネルギーを取り出すのに適しています。ケニアは電力を水力発電に頼っていましたが、干ばつもあるので、安定した再生可能エネルギーである地熱発電へシフトすることにしました。

そこで、大地溝帯の底にあるヘルズゲート国立公園の中にオルカリア地熱発電所を建てたのです。「ヘルズゲート」とは「地獄の門」。私は現地を見ましたが、猛烈な噴気が出ていて、この名前にぴったりでした。火山国の日本も地熱資源は多いのですが、8割以上が国立公園や国定公園などの自然公園に集中しているため、開発が厳しく制限されています。ケニアでは、国立公園のど真ん中に地熱発電所があって、たくさんの野生動物が発電所と共存しているのです。野生のキリンやシマウマが、公園の中を悠然と歩いているなんて、ケニアならではですね。ケニアでは、国立公園の中に地熱発電所をつくってはいけない、というような規制はありませんが、野生動物や自然の景観を守りなさい、という法律はあるそうです。そのため、発電所も動物が通れるように発電用のパイプラインを高い場所に設置するなど、動物と共存できるように設備の設計を工夫していました。

ところで、地熱発電というのは、実際に開発してみないと、どれくらいの発電量があるのか推測するのが難しいそうです。だからこそ、事前の探査が重要なわけで、日本企業はその探査を得意としています。ケニアの地で、日本の優れた地熱開発技術を生かし、発電所の増設や、発電所の電力をケニア東部へ送るための送電線の整備、地熱開発に関わる人材育成などの支援を進めています。

もうひとつ、日本のきめ細かな農業技術を生かして、ケニアやウガンダなどで米の生産向上にも取り組んでいます。アフリカで米というと意外に思うかもしれませんが、たとえばインド洋に面したケニアでは、16世紀頃から長粒のインディカ米（アジア稲の仲間）が栽培されてきました。また、セネガルなど西アフリカの国々では、古くから米を食べる習慣があるといいます。

アフリカ全体では多様な作物が生産されています。西アフリカや中部アフリカではキャッサバやヤムイモなどのイモ類が最も重要な食糧です。食用バナナの栽培も盛んです。少し乾燥したサバンナ地帯ではトウモロコシや小麦、ヒエやアワなどの穀類が中心です。

ヤムイモは貯蔵や輸送の面でキャッサバや穀類に劣るため、都市部を中心にキャッサバやトウモロコシ、米などの需要が増加しています。米は比較的調理が簡単なことも、需要増の理由のひとつでしょう。これらの作物の生産量が上がれば農家の所得も向上し、アフリカの課題のひとつである穀物自給率の上昇も期待できます。今、JICAと日本の民間企業が一緒になって、このような作物の生産性向上に取り組んでいます。私はケニアの稲作地帯であるムエアという地域に取材に行ったことがあります。その村では朝、昼、晩と三食お米のご飯を食べていると言っていましたね。収穫したインディカ米と豆を一緒に炊いたご飯をいただきましたが、赤飯に似た懐かしい味がしました。インディカ米なので、ちょっとパラパラしていましたが。

ご飯をごちそうになったあと、外に出たら、米を買いに来た女性が携帯電話でお米の代金を払っていたんですね。最初の授業で話しましたけど（第1章）、それがエムペサ（M－PESA）というモバイル決裁サービスだったのです。電気が通っていない村で現金の決済をケータイで行っている。本当に驚きましたけど、農家が現金収入を得ることが農村の発展に不可欠なことを考えれば、モバイル決裁サービスのような新しいツールが、その後押しになるのだと、納得しましたね。

ワンガリ・マータイさんの「MOTTAINAI《もったいない》」

今世紀になってから、日本との文化面の交流で話題になった人物といえば、ワンガリ・

マータイさん（写真⑪）でしょう。日本語の「もったいない」という言葉に感銘を受けて、「MOTTAINAI」を世界共通語として広めることを提唱した環境保護活動家です。「もったいない」で有名になりましたけど、彼女は1977年に環境保護と女性の生活向上のためのNGO団体「グリーンベルト運動」を創設して、アフリカ全土に木を植える運動に取り組んでいました。土地の砂漠化を防ぐための植林で、その作業には貧困層の女性が雇われました。

　その活動によって、2004年にノーベル平和賞を受賞したわけですね。実は、彼女がノーベル平和賞を受賞した時、環境活動家で初めてのノーベル平和賞だったから、かなり多くの人が驚いたのです。ノーベル平和賞は、

写真⑪―**ワンガリ・マータイ（1940～2011年）**
｜画像提供：dpa/時事通信フォト

ケニアの環境保護活動家、政治家。ケニア中部ニエリの農家に生まれる。アメリカの大学で生物学を学んだのち、1971年、ナイロビ大学で生物分析学の博士号を取得、同大学の教授となる。1977年、環境保護と女性の生活向上のためのNGO団体「グリーンベルト運動」を創設。砂漠化防止のための植樹活動を行う。作業には貧困に苦しむ女性たちが雇われた。2002年、国会議員に当選後、環境副大臣に就任。04年にノーベル平和賞を受賞。翌年、来日した際に日本語の「もったいない」に感銘を受け、「MOTTAINAI」を世界に広めるキャンペーンを展開した。

戦争を止めるなどの、政治的なことで貢献した人に与えられるものと思っていたら、アフリカに木を植えようという環境活動家がノーベル平和賞を受賞するんだと、たくさんの人が驚いたわけですね。

これは、ノーベル平和賞の選考委員会の考え方が次第に変わってきたからなのでしょう。アフリカには、さまざまな紛争が確かにありますよね。それは干ばつが続いたことによって食糧をめぐって争いが起きたり、食糧の生産に適している土地を奪い合ったりするから起きる。大もとの原因は、環境が悪化し、温暖化が進み、干ばつが広がったり、異常気象になったりしたこと。環境が破壊されることによって、新たな難民が生まれるわけですね。「環境難民」というのが、今、かなり深刻な状態になり、限られた土地をめぐって争いが起きています。だから、環境を保護することも平和につながるのだと、ノーベル平和賞の選考委員会が考え方を変えてきたということですね。

２００７年には、アメリカのクリントン政権の副大統領だったアル・ゴア氏（１９４８〜）が、地球温暖化に関するドキュメンタリー映画『不都合な真実』（２００６年）などで気候変動と環境保護の重要性を知らしめて、ノーベル平和賞を受賞しています。

ワンガリ・マータイさんの砂漠化防止のために木を植える、という活動の重要性は、現地に行ってみるとよくわかります。私はスーダンの首都ハルツームから南スーダンのほうに向かって6時間ずうっと、ひたすら車を走らせたことがあります。スーダンの北部って本当に砂漠地帯なんですね。最も暑い4~6月の酷暑期は、ハルツームでも屋外の温度が50度以上に達します。それがだんだん南のほうに行くと、徐々に樹木が少し増えてくるわけです。雨が降っても、砂漠に雨が降るとあっという間にそれが蒸発しておしまいになるでしょう。でも、樹木がいっぱい生えているところに雨が降ると、森林には保水能力があるから水をためることができます。そして、少しずつ葉っぱから蒸散作用で水蒸気が出ていって、いっぱい出れば雲ができるわけだよね。そして、また雨が降るわけです。つまり、木をいっぱい植えることによって、雨が降りやすくなる。逆に木を全部切ってしまうと、本当に砂漠が広がってしまうということだよね。

ワンガリ・マータイさんがノーベル賞を受賞したあと、日本に招かれて、「もったいない」という言葉があることを知ります。そして、こんなに素晴らしい言葉があるのだ、と感動してくれたのですね。ごみ削減（Reduce）、再利用（Reuse）、再資源化（Recycle）という環境活動の3Rをひと言で表して、大切な地球資源に対する尊敬の念（Respect）も込められている。これを世界の共通語にしようじゃないかと思いついて、「MOTTAINAI」キャンペーンを展開することになりました。

ワンガリ・マータイさんは残念ながら亡くなってしまいましたが、私たちがごく普通に使っている「もったいない」という言葉が、実は、とても素晴らしい考え方であることを彼女に教えられたと思っています。

日本の現代史を学べば、アフリカの未来が見える

私もＪＩＣＡの支援活動の取材などで、アフリカ各国に行くのですが、最近、アフリカの人たちが言うのは、「もう援助はいらない」ということなんですね。アフリカは遅れている、劣ったところだから助けてあげないと駄目だろうという援助はいらない。「投資をしてほしい」と言うのです。

アフリカでも、もちろん、紛争があるところはまだまだ悲惨な状態ですよ。でも、経済が大きく成長している国も多いのです。ケニアにしても、コートジボワールにしても、あるいは、タンザニアにしても、ナイジェリアにしても、それぞれの国で経済が発展してきているから、あくまで投資をしてほしい。つまり、現地に会社をつくって、それを大きく成長させるというかたちで、「対等なパートナー」としてアフリカを見てほしいと、アフリカの人たちが言うようになってきたのです。

私たちはついつい、「アフリカって貧しくて悲惨」というイメージに縛られるのですが、

必ずしもそうではありません。君たちはまだ若くてわからないかもしれませんが、高度経済成長期をある程度経験してきた人たちは、60年前の日本がどうやって発展してきたかを見ているわけです。ということは、これからアフリカがどのように発展していくかっていうことを、私たちは実は知っているといえるでしょう。日本の現代史を学べばアフリカの未来を占うことができる。そういうポジションに私たちはいるのだということ、これが大事なことなんだよね。

どの国も最初は貧しい。最初はとにかく衣食住の確保でせいいっぱい。住むところが必要だ、着るものが必要だ、安全な飲みものと食べものが必要だ。まずはそれしか考えられないでしょう。でも、衣食住が充実してくれば、次には、やっぱり娯楽が必要だということになるわけだよね。その娯楽というのが、60年前は映画であり、テレビだった。でも、今はそれがコンピューターやゲームなどになるわけだよね。アフリカの若者たちも日本のゲームやアニメに夢中になっています。少しずつ豊かになってくると、娯楽に対する欲求が出てくる。同時に、家庭のさまざまな電化製品も必要になってくる――、こういう歴史をたどるわけだよね。

アフリカが、これからそういう歴史をたどっていくと考えれば、アフリカのどこがどういう発展段階にあるのか、どこに投資をすれば利益が上がるのか、おのずとわかってくるのではないでしょうか。

——経済レベルが日本とアフリカとで50～60年ぐらいラグがあるということをおっしゃっていましたが、そのラグっていうのはこれから「リープフロッグ」などによって縮まっていくのか、それとも、縮まらないで、ずうっと50年ぐらい遅れているのかというのを知りたいです。

わかりました。「リープフロッグ」は明らかに起きているよね。中国も、日本のあとを追いかけるかたちだったけど、急激に日本に追いついてきたでしょう。一部では追い抜かれている部分もある。つまり、モデルがあると追いつきやすいわけだよね。これから経済をどう発展させるかという時に、すぐ近くにモデルになる国があれば、同じようなことをやればいいんだってわかるわけだよね。韓国は、日本の発展を見て、そこから学んでかなり早い段階で日本に追いつき、中国は、日本と韓国の成功を見て追いついてきたでしょう。

まったくモデルがない中で何かをつくるというのはすごく難しいですよね。モデルがあれば、そこに「追いつく」ことができる。まさに日本は欧米に追いついて世界のトップレベルに立った結果、次のモデルがなくなっちゃった。だから、今、日本は困っているんだよね。自分で何かをつくり出さなければいけないというところで苦悩しているわけだ。韓国も同じ。あるいは、中国も、今そうなりつつあるということですね。

だから、アフリカにしても、一部の国は日本や韓国や中国にものすごい勢いで追いつくでしょうね。50年かからずに、10年や20年で追いつくのではないかと思います。大事なのは追いついたあとだよね。追いついたあとどうするか。それが、アフリカも問題になるでしょう。その時に、日本がアフリカのモデルになるような仕組みをつくっているかどうかというところで、日本の未来が決まってくるんじゃないかなと思います。だから、私が何を言いたいかわかるよね。

――俺らががんばれば……。

そのとおりです（笑）。モデルに追いつくのをやっていたのは、私の世代です。もう、追いついちゃったんだよ（笑）。だから、君たちが、これからどんなものをつくるか考えてほしいと私は願っているわけですね。

――アフリカが、今、どんどん成長しているっていうのはわかったんですけど、教科書を見ても、やっぱり、飢餓とか干ばつとか、そういうのばっかり書かれていて、アフリカが成長していて、今後が明るくなっていくっていうのが書かれていないのですけど、それはなぜなのでしょうか？

ああ、わかりました。その理由はふたつありますね。ひとつは、やはりアフリカのニュースというと、飢餓だとか内戦だとか紛争、そればっかり報じられてしまうのです。だから、私もアフリカにたびたび足を運ぶようになって、アフリカに対する見方がだんだん変わってきましたが、どうしてもアフリカで経済が発展している、ということはニュースにならないわけだよね。結果的に、紛争ばかり報道するので、アフリカというとそのイメージが強くなってしまうということです。

もうひとつの理由は、教科書はつくるのに時間がかかるわけだよね。私も教科書づくりに参加していますが、1年かけて教科書をつくり、次の1年をかけて文部科学省の検定を受けて、それで、合格すると、次の1年間でそれぞれの学校で採択してもらえるかどうかを決めるのです。そうすると、それぞれの学校にその教科書が入るのは3年前につくられたもの、実際に書いていたのは4年前ということになるわけだよね。結果的に、少し古い情報がどうしても残ってしまうということがあるのです。

日本流「手洗い運動」がウガンダでビジネスに

今度は、アフリカの一般消費市場で日本企業がどうやって市場を創造していくのか、いきなり商品を売るのではなく、まず社会貢献から始めて、アフリカの市場に進出した企業の例を紹介しましょう。「サラヤ」という手洗い石けんや消毒用アルコールなど、主に衛生用品をつくっている有名な会社がありますね。だいたい学校で手を洗う時にサラヤの緑色の液体石けんを使っているので、知っている人も多いでしょう。

私が小学校に入った頃、今から60うん年前だな。当時、日本は外から帰った時に手洗いの習慣なんてまったくなかったんですね。私が小学校にあがった時、「学校に来たら手を洗いましょう」とか「家に帰ったら手を洗いましょう」とか言われて、石けんが学校の手洗い場に置かれていました。

当時、石けんは貴重だから、ガーゼの袋に入った石けんが、蛇口にぶら下げられていました。みんなそこで石けんをガーゼ越しに泡立てて、手を洗う。手洗いを徹底的に叩き込まれるんですね。そして、ハンカチは左のポケットに、ちり紙は右のポケットに入れましょうと何の根拠もなく言われましたね。今もそれを私は守っていますからね（笑）。

ハンカチとちり紙をどちらに入れるかで、やっぱり気持ちが落ち着かないわけで、本当に小学校の頃からの教育って非常に大事なことなのです。当時、そうやって、日本の子どもたちは、外から帰ったら石けんで手を洗うという習慣がつきました。それによって、さまざまな感染症が少しずつ減っていくことになったのです。

手洗い習慣は、低コストで大きな効果を上げることができます。アフリカでは今でも多くの乳幼児や子どもたちが食中毒や感染症、下痢などで亡くなっています。サラヤはアフリカでも石けんの手洗いを習慣づけたいと考え、ユニセフに相談をして、ウガンダで2010年に「100万人の手洗いプロジェクト」という支援を始めました（写真⑫）。スタート時は、サラヤの衛生用品の売上の1％をウガンダでユニセフが行っている「手洗い普及運動」に寄付するというCSR活動（企業が社会的責任を果たすために行う活動）でした。

ところが、社内から、もっと主体的に活動したいという声が上がり、ウガンダの学校や医療施設を社長と社員が訪れたそうです。すると、医療機関などに先進国では当たり前のアルコール手指消毒剤が見当たらないことに気づきます。ウガンダではサトウキビがたくさん栽培されることを知って、サトウキビからつくるアルコールを原料に手指消毒剤をウ

写真⑫—サラヤとユニセフが、ウガンダで2010年から取り組んでいる「100万人の手洗いプロジェクト」の様子｜画像提供：サラヤ株式会社

ガンダでつくって販売しよう、とビジネスも始めることになったのです。

「手洗い普及運動」を先に始めて、アルコール手指消毒剤の現地生産のビジネスがあと、という通常のビジネスとは逆の順番です。しかも、60年前の日本の「手洗い運動」が21世紀のウガンダで役に立つとは、これからアフリカに進出する日本企業にとって、とても参考になりそうです。

ちょっと余談になりますが、昨年の暮れにドバイに久しぶりに行ったんですね。ドバイの旧市街エリアには、「ゴールドスーク」という金《きん》製品ばかり売っている店が１００メートルぐらい続くスーク（アラビア語で市場のこと）があるのですが、黒人客ばかりでびっくりしましたね。ちょうど、コロナが明けたばかりで、中国人が全然いないということもあるし、日本人も円安でまったく行けなくなったということもあるのですが、明らかにアフリカから来た金持ちたちがゴールドスークで金製品を買っている姿を見ました。ああ、まさに今、これからはアフリカの世紀になるのかなと感じました。アフリカでも富裕層といわれる人たちが次々に生まれてきているということですね。

私たちは、アフリカに対して認識を改めなければいけないと思うのです。アフリカの人たちと対等に、共に成長するパートナーとしてビジネスを展開していく、そういう時代にこれからなるのかなって思いますし、２０５０年には世界の人口の4分の1がアフリカの人たちになると見込まれていて、まさに21世紀の後半はアフリカの世紀になるのかなということですね。では、その時にアフリカの人たちがどんなものを欲しがるのかを考えるなら、日本のちょっと前を振り返ることによって、それがわかるだろうということです。

「顧みられない熱帯病」と予防接種

そして、もうひとつ、アフリカでは「顧みられない熱帯病（ＮＴＤｓ：Neglected Tropical Diseases）」というのが、大きな問題として存在します。アフリカに行くと、さまざまな、危険な熱帯病があります。代表的なものに、フィラリア症、狂犬病、住血吸虫症などがあります（p224図表㉑）。これらは清潔な水や衛生的な上下水道の環境が整っていない熱帯・亜熱帯の貧困国を中心に蔓延していて、アフリカ、インド、南米などで多くの人が苦しんでいます。

世界保健機関（ＷＨＯ）は、２０２２年時点で、世界で16億２０００万人が「顧みられない熱帯病」で治療を必要としていると発表しています。一方、北半球の先進国では発症者が非常に少ないため、関心が高まらず〝顧みられることがなかった〟のです。

貧困層に患者が多いと、製薬会社がそのための薬をつくっても、コストが回収できない

図表㉑―**主な「顧みられない熱帯病」**｜出典：WHO、厚生労働省検疫所HPなど

「顧みられない熱帯病(NTDs)」は、さまざまな病原体(ウイルス、細菌、寄生虫、真菌、毒素など)によって引き起こされる多様な疾患群で、健康、社会、経済に壊滅的な影響を及ぼす。主に熱帯地域の貧困層に蔓延し、10億人以上が感染し、予防治療を必要とする人の数は17億人と推定されている

デング熱	蚊が媒介するウイルス性疾患でインフルエンザのような病態を引き起こす。重症化すると死の危険がある
狂犬病	感染した犬に咬まれることで人に伝播するウイルス性疾患。一度、発症すると死に至る
トラコーマ	保菌者の目や鼻水に直接触れることで感染。角膜混濁や失明に至ることも
住血吸虫症	住血吸虫の幼虫のいる水に触れると幼虫が体内に入り感染する。下痢、血便、血尿、腎臓の障害、肝硬変が現れる
リンパ系フィラリア症	リンパ系組織に生息し、増殖したフィラリアの成虫が、四肢や生殖器に異常な腫大を引き起こす感染症。蚊によって伝播される
土壌伝播蠕虫感染症	感染者の糞便に入った虫卵の摂取などによって伝播する。全身倦怠感や脱力、認知障害や身体の発達障害などの症状を起こす
オンコセルカ症（河川盲目症）	ブユによって伝播する、眼および皮膚の寄生虫症。視覚障害や失明を引き起こす
ヒト・アフリカ・トリパノソーマ症（眠り病）	ツェツェバエの咬傷で広がる。速やかに診断し治療をしなければ、ほぼ100%、死に至る

でしょう。新型コロナの場合は、世界中に患者が増えたからワクチンがつくられたり、さまざまな薬がつくられたりしたわけです。危険な熱帯病から逃れることができれば、アフリカはもっと発展するし、私たちがアフリカに行く時にも、病気にかからないですむようになると考えれば、これはSDGsだよね。持続可能な世界をつくっていくなら、アフリカの人々の健康や医療体制を維持することは、結局は、私たちにとっても安全につながるということですね。

マイクロソフトをつくったビル・ゲイツが元妻と創設した「ビル&メリンダ・ゲイツ財団」が「顧みられない熱帯病」の薬やワクチンの開発を資金援助しています。同財団は、新型コロナウイルス感染症のパンデミックの際には、コロナワクチンの有望メーカーに巨額を投じて支援しました。ワクチンの開発・普及に熱心なビル・ゲイツの、発言の一部が切り取られて、フェイクニュースとしてSNS上で拡散されることも起きています。

ビル・ゲイツが何を言ったのかというと、今世界の人口は68億人でこの先、90億人程度まで増加する。しかし、ワクチンの開発や医療体制を充実させることによって出生率も下がってくるだろうと。こういう趣旨のことをある場所でスピーチしたんだよね。これは世界の人口爆発を懸念しての発言でした。発展途上国では出生率も乳幼児の死亡率も高い。ワクチンで乳幼児の死亡率を抑えることができたら、出生率も下がり、人口増加を抑制できるということを言ったわけです。しかしこの「出生率を下げる」というところだけが切り取られ、SNS上で広がって、ビル・ゲイツは出生率を下げるためにワクチンを開発すべきだと言っている。そうか、ビル・ゲイツはワクチンで子どもが生まれないようにしようとしているんだ。ワクチンの中に、ビル・ゲイツが開発したチップを入れて、それで人間をコントロールし、子どもの数を減らそうとしているんだ。だから、ワクチンは危険だから、接種するのはやめましょうという、とんでもないワクチン陰謀論につながってしまったことがありました。

日本もちょうど私が小学校、中学校の頃は、出生率が高くて、このままだと日本の人口が1億を超えてしまうと。1億を超えたら人口爆発で食料不足になるといわれていました。その後、1億人を超えます。すると日本の人口が増えすぎないような対策をとらなければいけないと、1974年には厚生省、今の厚生労働省が人口を抑制するための有識者会議というのをつくり、子どもはふたりぐらいにしておきましょうとか、さまざまな対策を取ったんですよ。信じられないでしょう。ところが、そんな対策を取ったこともあったのに、今度は逆に人口が増えなくなったでしょう。減る一方になったわけだよね。

豊かになれば、そうやって出生率が下がってきます。アフリカも、いずれ出生率が下がってくれれば、限られた子どもを育てようということになる。そうすると、その子どもたちにいい教育を与えようとするわけだよね。企業はアフリカの子どもたちのさまざまな教育に投資をすれば、アフリカはさらに発展しそうですね。

つまり、私たちの過去を見ることによって、アフリカの未来を見ることができるのです。だからこそ、私たちは歴史に学ぶことが重要なのです。

マラリアから守る日本の蚊帳《かや》

――日本とアフリカが、「共に成長するパートナー」と言っていますけど、相互協力でやってお互いに利益が生まれたらいいなと思います。いいことが生まれることで初めて協力になるんじゃないかなと思っていて、これからは日本がアフリカから何か取り入れていく時代になっていくんじゃないかなと考えているんですけど……。

はい、わかりました。たとえば、今、私たちが食べているタコはモーリタニアやモロッコのあたりでいっぱい獲れている話をしましたね。当然、海岸沿いのいろいろな国々の漁業が活発になって、日本が必要とするさまざまな海産物をアフリカから輸入することができるようになっているということがありますよね。さまざまな海産物がこれから日本に安く入ってくると同時に、これからはアフリカがマーケットになり、日本のさまざまな商品をアフリカで売れるようになっていくということですね。そういうことでお互いに利益が生まれる。

たとえば、住友化学という会社が、糸に防虫剤を練り込んだ蚊帳《かや》を開発し、マラリア予防に大きく貢献してきました。アフリカでは、特に蚊に刺されて、マラリアやデング熱に感染するというリスクがあるわけだよね。だけど、アフリカの人たちには、蚊を防ぐための蚊帳を吊るという発想がないんだよね。でも、日本は昔から蚊帳を吊っていました。今、君たちは蚊帳を吊らないだろうけど、私が小学生の時には、東京でも、みんな夏になると蚊帳の中に入って蚊を防いでいました。

ということは、これからアフリカで蚊帳が爆発的に売れるだろうと、住友化学はタンザニアの企業に無償技術供与して、現地生産を開始。その後、現地企業と合弁会社を設立し、安くて大量生産できる体制を整え、現地雇用も生み出したのです。国際協力と事業活動を両立させる新しい社会貢献のあり方ですね。問題の解決にも協力することで、結果的に、日本に利益が出るわけです。

――**中学生の時に、フェアトレードの商品について学んだのですけど、それがアフリカのためにどれぐらい役に立つのかっていうのと、そのほかに、アフリカのために私たちができることっていうのが、正直、思いつかなくて、そういうのが具体的にあれば、教えていただ**

きたいなと思います。

わかりました。フェアトレードというのは、開発途上国の原料や製品を適正な価格で持続的に購入することで、立場の弱い生産者や労働者の生活改善に役立つ仕組みのことですね。アフリカだと、たとえば、チョコレートの場合、原料のカカオはガーナから大量に輸入しているわけでしょう。ガーナでそのカカオの実を一生懸命集めている農家の子どもたちは、甘いおいしいチョコレートなんて食べたことがない。そういう状態がずっと続いたり、児童労働をさせて安い値段で買いたたいたりして、結果的に、私たちは安くておいしいチョコレートが食べられるという現実。それはいかにもひどいじゃないかということになり、フェアトレードという言葉が、20年ぐらい前から言われるようになってきました。

その頃は、フェアトレードというのはごく一部だけでした。今、それがかなり進んでいて、カカオ豆をまじめに、一生懸命栽培している農家が、フェアトレードの概念によって、比較的ちゃんとした収入が得られるようになりました。

あるいは、児童労働を容認している会社とは取引をしないというかたちが、今、かなり進んできています。ようやくフェアトレードという言葉や概念が浸透し、効果が出始めてきたのかなって思うんですね。

だから、アフリカのために何ができるのかと考えた時に、フェアトレードの商品を買うというのは、ひとつのやり方だよね。フェアトレードの商品は、確かに値段はちょっと高めでしょう。だけど、それが生産者のためになるのであれば、ちょっと高くても買おうということですね。それによって実際の生産地の労働条件を改善していくことになるからです。

基本に立ち戻ると、それぞれの国に何ができるかというと、その「何ができるか」っていう発想が違うんだなぁ。それって、言ってみれば、援助の発想になるでしょう。アフリカのために何ができるかではないんだよね。アフリカを対等なパートナーとして見て、魅力的な商品があれば買うし、魅力的な商品がないのであれば、魅力的な商品をつくるノウハウを伝えて、適正な価格でものをつくってもらえばいいと思うのです。

だから、アフリカのために何ができるのかという考え方ではなく、アフリカとともによりよい世界や日本をつくっていくために何ができるのかという、そういう考え方を持つようにしたほうがいいんじゃないかな、と思います。

「いい質問ですね」には二通りの意味がある

さあ、ということで時間になりました。君たちから実に鋭い質問を次々にもらって、まさに「いい質問ですね」がいっぱいありました。君たちからいい質問をもらうと、私の目が見開かされるんですね。「あっ、そういうふうにみんなは物事を見ているのか。あっ、私にはそういう視点がなかったな」ということに気づくことができます。

「池上さんにとって、いい質問とはどういうことですか」とよく聞かれるのですが、私がテレビで「いい質問ですね」と言う時には、二通りの意味があるのです。たとえば、『池上彰のニュースそうだったのか!!』(テレビ朝日系)で、芸能人のゲストから思いもよらない質問が出てくるわけだよね。それに答えていくと、当初つくった台本からはずれていくんだよね。なんとかもとの話に戻りたいという時に、ちょうど戻るのに都合のいい質問があると、「いい質問ですね、ちょっとこちらをご覧ください」と言うわけですね(笑)。この「いい質問」というのは、私にとって都合のいい質問なのです。

ところが時々、私がうっと詰まるようなことがあるんですね。あっ、そんな視点があったのかと。私の目が見開かされる、私にとっての成長につながるような質問、これが本当の意味で「いい質問」ということですね。

だから、テレビで私の態度を見ていれば、わかりますよ(笑)。にっこり笑って「いい質問ですね」と言ったら、都合のいい質問というわけです。

そういう意味でいうと、今日は本当に私が目を見開かされるようないい質問が出てきたのかなと、ちょっとヨイショしておきますけど（笑）、私にとっても実りの多い授業になったのかなと思っています。本当に6時間ありがとう（拍手）。

――（生徒代表）このたびはアフリカの授業をしていただいてありがとうございました。ひとくくりにアフリカといっても、それぞれの国に多様な文化とか背景とか課題があって、それぞれの国の現状を適切に把握していくこと、ステレオタイプなものの見方をしないことが、21世紀の多様性の時代に求められていることじゃないかなと思いました。

それから、アフリカというと、地理的にも心理的にもちょっと距離を感じてしまいがちですが、それをもっと身近に感じて関心を持ち続けていくことが、私たち高校生に課せられた使命じゃないかなと思いました。いろいろなことを池上さんに直接教えていただくという、もう、二度とないかもしれない、生涯忘れられない経験をさせていただきまして、ありがとうございました（拍手）。

アフリカ略年表

（本書に関連した項目を中心に作成。植民地からの独立や各地での内戦などは主なもののみ記した）

15〜17世紀 大航海時代。ポルトガル、スペインが世界へ進出。
1492 コロンブス、バハマ諸島に到着（のちにアメリカ大陸上陸）。
1494 スペインとポルトガルの間で世界分界を定めた「トルデシリャス条約」締結。
1529 スペイン、ポルトガルによる「サラゴサ条約」により世界分界線が修正される。
1588 英西戦争（1585年〜）のアルマダの海戦でスペインが大打撃を受ける。スペインの制海権、衰えていく。
17〜18世紀 大西洋三角貿易が行われる（大西洋間の奴隷貿易は16〜19世紀に行われた）。
19世紀初頭〜 イギリスが世界の海洋を制覇（20世紀初頭まで）。
1830 フランスがアルジェリアを占領。
1847 リベリア独立。
1869 スエズ運河開通。
1881 フランス、チュニジアを保護国化。この頃から欧州列強によるアフリカの植民地化が本格化。
1884 アフリカ分割に関するベルリン・コンゴ会議開催（〜85）。
1885 ベルギー王によるコンゴ自由国創設。
1895 イタリアによるエチオピア侵攻（第一次エチオピア戦争〜96年、エチオピア勝利）。
1896 フランス、マダガスカルを植民地化。
1898 アフリカの植民地化をめぐりイギリスの縦断政策とフランスの横断政策が対立。フランスの譲歩で武力衝突は回避（ファショダ事件）。
1899 トランスヴァール共和国・オレンジ自由国の併合を狙うイギリスによる侵略戦争「南アフリカ戦争（ブール戦争）」起きる（〜1902）。
1902 トランスヴァール共和国、オレンジ自由国をイギリス領ケープ植民地に併合。
1905 フランスとドイツがモロッコの支配を巡り衝突（第一次モロッコ事件）。
1908 コンゴ自由国、ベルギーの直轄植民地に。
1910 英自治領南アフリカ連邦成立。
1912 アフリカ民族会議（ANC）結成。のちにネルソン・マンデラ入党（44年）。
1914 イギリス、エジプトを保護国化。
フランス、モロッコを保護国化。
第一次世界大戦勃発（〜18年）。
1919 エジプトで反イギリス運動。
1922 イギリス、エジプトの保護統治権を放棄。
1935 第二次エチオピア戦争（〜36年、イタリア勝利）。
1936 イタリアのエチオピア支配始まる（〜41年）。
1939 第二次世界大戦勃発（〜45年）。
1948 南アフリカでアパルトヘイトが法制化される。

1951 リビア、イタリアから独立。
1952 エジプト革命（翌年、共和政宣言。56年、ナセルが大統領に）。
1954 アルジェリア独立戦争勃発（～62年）。
1955 アジア・アフリカ（バンドン）会議。29か国が参加。
第一次スーダン内戦勃発（～72年）。
1956 チュニジア、モロッコ、スーダンが独立。
1960 カメルーン、ナイジェリアなどアフリカの17か国が独立（「アフリカの年」と呼ばれる）。
南アフリカでシャープビルの虐殺事件起こる。
1961 南アフリカ、英連邦から脱退し共和制に。
1962 アルジェリア、フランスから独立。
1963 アジスアベバ（エチオピア）でアフリカ諸国首脳会議。アフリカ統一機構（OAU）結成。
中国がアルジェリアに初めて医療チームを派遣。
1964 ネルソン・マンデラ、国家反逆罪で終身刑となる。
1969 リビアでクーデター。カダフィが実権を掌握。
1970 エジプトのナセル大統領死去、サダト大統領誕生。
1974 エチオピア革命。帝政廃止となる。
1976 南アフリカでソウェト蜂起。
アンゴラで反政府闘争（～91年）。
1977 エチオピア・ソマリア戦争（オガデン戦争　～78年）。
1981 エジプトのサダト大統領が暗殺される。後任にムバラク。
1983 第二次スーダン内戦勃発（～2005年）。
1986 南アフリカで黒人の暴動が激化。全土に非常事態宣言。
1989 南アフリカでデクラークが大統領に就任。
1990 ネルソン・マンデラ釈放。翌年、ANC議長に選出。

ルワンダで内戦勃発。93年に和平合意が結ばれるも戦闘続く（～94年）。
1991 南アフリカ、デクラーク大統領がアパルトヘイト体制の法的撤廃を宣言。
ソマリアで内戦勃発。
1993 第1回アフリカ開発会議（TICAD）開催（以後、5年おき、2016年からは3年おきに開催）。
1992 内戦中のソマリアに米軍中心の国連平和維持軍派遣。
1994 マンデラが南アフリカ大統領に就任（初の黒人大統領）。
1995 南アフリカでラグビーワールドカップ開催。南アフリカが優勝。
1997 ザイールがコンゴ民主共和国に国名変更。
2002 アフリカ連合（AU）発足。
2003 リベリアの内戦が終結（第一次1989～96年、第二次1999～）。
2010 南アフリカでFIFAワールドカップ開催。
チュニジアでジャスミン革命。これを機に、翌年にかけてリビア、エジプトでも政権倒れる（アラブの春）。
2014 ナイジェリアでボコ・ハラムによる誘拐事件。
2017 ケニアで高速鉄道（マダラカエクスプレス）開通。
2020 マリで軍事政権発足。
2022 ブルキナファソで軍事政権発足。
2023 ニジェールで軍事政権発足。

＊参考文献・資料／池上彰『そうだったのか！ 現代史パート2』（集英社）、『詳説世界史』（山川出版社）、『20世紀年表』（毎日新聞社）、外務省HPほか

おわりに

本シリーズは、さまざまな中学や高校での授業をもとに制作されてきました。シリーズ最終回となった今回は、東京都立国立高等学校の生徒諸君と教職員の皆さんの協力を得て授業をし、その内容をまとめたものです。

生徒諸君とのやりとりは、一部改変したものもありますが、いずれもポイントを突いたいい質問の数々でした。

読んでいただければわかるように、はじめはアフリカについて、あまりいいイメージを持っていなかった生徒諸君の意識や見方が大きく変わっていくのがわかります。これこそ私が中学・高校の生徒たちに教えるときに味わう醍醐味《だいごみ》なのです。

人口が急激に増えているアフリカ。将来の食糧不足に備えて、アフリカ中部の各国では、日本の支援で「ネリカ米」の栽培が盛んになっています。「New Rice for Africa」（アフリカのための新しい米）は、高収量のアジア稲と病気や雑草に強いアフリカ稲を交配することによってできあがった品種です。私が現地で見たのは陸稲《りくとう》。つまり畑で栽培できる種類の稲です。水田をつくる必要がないので、栽培が容易です。

アジアの稲とアフリカの稲が交配することで、それぞれの利点が生かされたものになりました。現地で食べましたが、「日本でなくても、こんなにおいしい米が食べられるのだ」と感激しました。

考えてみると、アジアとアフリカの、それぞれの強みを生かした米はアジアとアフリカの交流の象徴です。私たち日本の過去の経験と、これからの可能性を秘めたアフリカが協力することで、新しい世紀が切り開かれるのだと思います。


授業に熱心に参加して、私に新しい気づきを与えてくれた生徒諸君と、それを支えてくださった教職員の皆さんに感謝します。

また、この本のかたちにするに当たっては、小学館の園田健也さんと岡本八重子さん、西之園あゆみさん、水谷一彦さん、五十嵐美弥さんにお世話になりました。

池上　彰

本書を刊行するにあたって、
東京都立国立高等学校の
先生や生徒のみなさまにご協力いただきました。
厚く御礼申し上げます。
——編集部

池上彰の世界の見方
Akira Ikegami, How To See the World

アフリカ

希望の大地か、暗黒の大陸か

2024年12月3日 初版第1刷発行

著者
池上 彰

発行者
石川和男

発行所
株式会社小学館
〒101-8001 東京都千代田区一ツ橋2-3-1
編集03-3230-5112 販売03-5281-3555

印刷所
TOPPAN株式会社

製本所
株式会社 若林製本工場

© Akira Ikegami 2024 Printed in Japan ISBN978-4-09-389170-7

造本には十分注意しておりますが、印刷、製本など製造上の不備がございましたら「制作局コールセンター」(0120-336-340)にご連絡ください。(電話受付は、土・日・祝休日を除く 9時30分〜17時30分)
本書の無断での複写(コピー)、上演、放送等の二次利用、翻案等は、著作権法上の例外を除き禁じられています。本書の電子データ化等の無断複製は著作権法上での例外を除き禁じられています。代行業者等の第三者による本書の電子的複製も認められておりません。

ブックデザイン・鈴木成一デザイン室
DTP・昭和ブライト／**地図製作**・株式会社平凡社地図出版
編集協力・西之園あゆみ／**校正**・玄冬書林、萩谷 宏(大地溝帯)
撮影・五十嵐美弥(本文)、岡本明洋(カバー、帯)
スタイリング(カバー写真)・興津靖江(FELUCA)／**制作**・遠山礼子、
渡邊和喜、加藤慎也／**販売**・金森 悠
宣伝・秋山 優、山崎俊一／**編集**・園田健也

好評既刊 発行＊小学館

池上彰の世界の見方
15歳に語る現代世界の最前線
（導入編）

＊
アメリカ
ナンバーワンから退場か
＊
中国・香港・台湾
分断か融合か
＊
中東
混迷の本当の理由
＊
ドイツとEU
理想と現実のギャップ
＊
朝鮮半島
日本はどう付き合うべきか
＊
ロシア
新帝国主義への野望
＊
中南米
アメリカの裏庭と呼ばれる国々
＊
フランス
うるわしの国の栄光と苦悩

＊
東南アジア
ASEANの国々
＊
イギリスとEU
揺れる連合王国
＊
インド
混沌と発展のはざまで
＊
アメリカ2
超大国の光と陰
＊
中国
巨龍に振り回される世界
＊
東欧・旧ソ連の国々
ロシアに服属するか、敵となるか
＊
北欧
幸せな国々に迫るロシアの影